LA

RENTE FONCIÈRE

THÈSE POUR LE DOCTORAT

PAR

J. BAYOUD

Avocat à la Cour d'Appel de [illegible]

1881

RENNES
Imprimerie E. Baraise et Cie
7, place Saint-Michel, 7

THÈSE POUR LE DOCTORAT

MEIS ET AMICIS

FACULTÉ DE DROIT DE RENNES

LA RENTE FONCIÈRE

> L'individualisme et la liberté, tels sont les caractères de la propriété moderne.
> (M. Garsonnet, *Histoire des locations perpétuelles et des baux à longue durée.*)

THÈSE POUR LE DOCTORAT

PAR

J. BAYOUD

AVOCAT A LA COUR D'APPEL DE RENNES

LAURÉAT DE LA FACULTÉ DE DROIT

(1877-1880)

Cette Thèse sera soutenue le mercredi 4 mai 1881

EXAMINATEURS :

MM. BODIN, *doyen;* EON, DE CAQUERAY, GUÉRARD, *professeurs;* CHATEL, *agrégé, chargé de cours.*

RENNES

Imprimerie E. BARAISE et Cie, place Saint-Michel. 7.

1881

LA RENTE FONCIÈRE

INTRODUCTION

Les rédacteurs du Code civil semblent avoir voulu éviter, en matière de rentes, d'employer la dénomination de *Rente foncière;* si nous lisons les divers textes de ce Code qui ont trait aux rentes, nous voyons bien qu'il y est question de *rente constituée* (art. 1909 et s.), de rente *établie pour le prix de la vente d'un immeuble...* (art. 530); mais de rente *foncière*, point. — Dans l'intérêt de la netteté des idées, il est peut-être à regretter que la doctrine et la jurisprudence ne se soient pas conformées à la terminologie du Code. C'est qu'en effet, si la rente qu'on appelle « foncière » a son origine première et directe dans notre ancien droit, qui traitait longuement d'une rente connue sous le même nom, nous verrons que le législateur de 1789 retint ce nom, mais ne conserva pas la chose; les rédacteurs du Code de 1804 ne la conservèrent pas davantage, et, pour éviter toute confusion, laissèrent le nom là où ils avaient laissé la chose.

La rente que l'on désigne sous la dénomination de

foncière n'est autre que la rente *établie à perpétuité pour le prix de la vente d'un immeuble ou comme condition de la cession à titre onéreux ou gratuit d'un fonds immobilier;* telle est la périphrase dont se sert le Code (art. 530) pour désigner ce qu'il a conservé de l'ancienne rente foncière, si tant est qu'il en ait conservé quelque chose. Et si, dans un but de simplification facile à comprendre, et aussi pour suivre un usage constant dans la pratique et chez les auteurs, nous nous servons, dans le cours de cette étude, du terme de *Rente foncière,* il faut tenir dès ici qu'il s'applique à un nouvel ensemble d'idées, et que la rente foncière de notre droit actuel est complétement différente et distincte de celle de notre ancien droit; si différente, qu'encore une fois le Code n'a pas cru devoir lui conserver cette dénomination.

C'est pourtant dans l'ancienne rente foncière que se trouve l'origine de l'art. 530 et de la rente dont il s'occupe; et pour bien comprendre la portée de ce texte, pour se rendre un compte exact des règles qu'il édicte, pour se faire, en un mot, une idée juste et complète de ce qu'est, dans le droit actuel, la rente foncière, il est à peu près indispensable de voir ce qu'elle était dans le droit ancien; l'œuvre du législateur moderne ayant été, en ce point comme en beaucoup d'autres, une œuvre de création et d'innovation, avant d'étudier cette œuvre, pour bien saisir le sens de la loi nouvelle, pour apprécier la valeur des réformes réalisées, il est nécessaire d'examiner la législation antérieure. Pour juger le présent et même pour le bien connaître, il est toujours bon d'interroger le passé.

La *Rente foncière* dans l'ancien droit et le droit actuel, tel sera donc l'objet de notre étude ; mais, afin de ne pas négliger une des sources les plus importantes de notre législation civile, nous rechercherons tout d'abord quelles étaient en droit romain les diverses institutions se rapprochant de notre sujet.

Pour bien montrer les points de contact de ces institutions avec la rente foncière, nous croyons devoir indiquer, dès le début et dans un exposé rapide, ce qu'était la rente foncière de notre ancien droit français.

Le contrat qui lui donnait naissance s'appelait *bail à rente;* c'était, d'une manière générale, un contrat par lequel une personne aliénait à une autre la propriété d'un immeuble ou autre droit immobilier, moyennant une redevance annuelle en argent ou en fruits. A s'en tenir à cette définition, il semblerait que ce fût là un contrat qui n'offrît rien de particulier ; ce serait un contrat commutatif, une vente, par exemple, dans laquelle le prix, au lieu d'être payé en une fois, consisterait en une redevance périodique ou annuelle. Mais c'est la nature même de cette redevance, c'est-à-dire de la rente, qui donnait au contrat une physionomie toute spéciale : elle ne constituait pas, en effet, une simple dette personnelle à la charge de l'acheteur ou preneur; elle affectait l'immeuble lui-même de la façon la plus intime et la plus directe; elle l'affectait tellement qu'on la considérait comme en faisant partie; c'était une portion de son immeuble, un démembrement de son droit de propriété, que le vendeur n'avait pas aliéné, qu'il s'était réservé, qu'il avait retenu sur le fonds aliéné.

La rente n'était donc autre chose qu'un *droit réel*

grevant l'immeuble, partant immobilier, et le suivant en quelques mains qu'il vînt à passer. Le véritable débiteur de la rente n'était pas le preneur, c'était *le fonds* lui-même : de là le nom de *Rente foncière ;* le preneur n'en était tenu que parce qu'il détenait l'immeuble, *propter rem ;* par suite, il ne devait personnellement les arrérages de la rente, en principe du moins, qu'autant qu'il possédait l'héritage, tant qu'il en avait la jouissance ; en un mot, la rente était une dette du fonds, et le service de la rente une charge de la possession.

Comme on le voit, le contrat de bail à rente tenait à la fois de la vente et du louage ; c'était moins qu'une vente, puisque le bailleur, bien qu'il aliénât le *dominium,* ne s'en dépouillait que sous la réserve du droit d'exiger une rente, et que ce droit, étant retenu sur le *dominium,* constituait une participation à la propriété même qui était transférée au preneur, une sorte de co-propriété sur le fonds baillé à rente ; — c'était aussi plus qu'un louage, puisque le preneur, sauf ce droit réel retenu au profit du bailleur, avait absolument tous les autres attributs de la propriété : le bail à rente tenait et du louage et de la vente, mais n'était ni l'un ni l'autre ; c'était un contrat *sui generis,* ayant ses règles propres, et produisant des effets spéciaux, distincts de ceux de ces deux contrats.

On comprend déjà, par ce qui précède, quelle était l'utilité et quelle devait être la fréquence du bail à rente ; ce contrat, en effet, répondait aux intérêts des deux parties en présence : il donnait au propriétaire qui, ne pouvant plus ou ne voulant plus se charger de l'administration de son héritage, aurait cependant hésité à en consentir une aliénation pure et simple et définitive, un moyen de ne pas se dépouiller totalement et de conserver une portion de son droit de propriété, un droit réel immobilier ; et à celui qui n'avait pas les ressources suffisantes pour se porter acquéreur d'un héritage libre de toutes charges, il faisait une situation de beaucoup préférable à celle d'un simple fermier. puisqu'il le rendait propriétaire du fonds qui restait seulement grevé de la rente au profit du bailleur.

Ces notions générales sur la rente foncière de notre ancien droit étant données, on aperçoit facilement quelles étaient, en droit romain, les situations qui se rapprochaient le plus de celles du preneur dans le contrat de bail à rente : c'étaient incontestablement celles des possesseurs de *fonds provinciaux*, de l'*emphytéote* et du *superficiaire*. Tout comme le preneur à rente foncière, le possesseur d'un fonds provincial, l'emphytéote et le superficiaire étaient dans une situation particulière : comme lui, ils jouissaient de la plupart des attributs de la propriété, et étaient tenus d'une redevance périodique en argent ou en nature. De telle sorte qu'à part la nature de cette redevance, on peut dire que la possession des fonds provinciaux, les contrats d'emphytéose et de superficie ont joué, dans la législation romaine, un rôle analogue à celui du bail à rente dans notre ancien droit, et présenté à peu près les mêmes caractères généraux.

Nous allons donc retracer avec quelques détails ce qu'étaient la possession des fonds provinciaux, l'emphytéose et la superficie, en nous arrêtant surtout au contrat d'emphytéose, qui a été à coup sûr une des principales sources du contrat de *bail à rente* (1).

(1) Lors de la discussion du Code civil, Malleville a été jusqu'à dire que « ce contrat était connu des Romains, qui l'appelaient *emphyteusis*, c'est-à-dire bail pour améliorer. » (Locré, VIII, p. 89.)

DE L'EMPHYTÉOSE

EN DROIT ROMAIN

Parmi les droits réels qui peuvent être constitués sur les fonds de terre, les uns sont d'une application tellement nécessaire et répondent à des besoins si généraux qu'on les voit partout reproduits, quelle que soit la législation que l'on étudie, l'état politique ou social des populations auxquelles elle s'applique. C'est ainsi que les *servitudes prédiales*, l'*usufruit*, le *gage* se rencontrent chez tous les peuples, à l'origine même de la civilisation, dès que l'indivision cesse, que la famille se constitue et que les habitudes pastorales sont abandonnées pour la culture de la terre.

Pour d'autres de ces droits, il faut s'élever davantage et rechercher des sociétés arrivées à un développement plus complet, à un état d'aisance et de sécurité qui suppose déjà des siècles d'organisation régulière et de labeurs successifs. Ainsi l'on a remarqué avec raison que le contrat de *louage* et les droits qui en dérivent ne peuvent se produire que chez les peuples déjà riches et prospères, chacun à l'origine étant logé sur sa terre et cultivant son fonds (1). De même l'*hypothèque* ne peut être organisée que si des éléments de crédit se trouvent constitués, ce qui présuppose une civilisation bien plus avancée encore.

(1) M. Troplong, préf. du *Louage*, p. 16.

Enfin d'autres droits sont complétement accidentels, et les contrats qui leur donnent naissance demandent pour se produire une organisation particulière de la propriété et une situation économique spéciale. C'est à cette dernière catégorie qu'appartiennent les droits d'*emphytéose* et de *superficie* (et aussi le bail à rente foncière dont nous venons de parler). Sans doute, on les rencontre dans beaucoup de législations diverses, tant anciennes que modernes, mais ils ne constituent un contrat vraiment usuel que dans des circonstances assez rares. Ce qui est nécessaire pour leur épanouissement, c'est une constitution aristocratique de la propriété foncière. Quand la propriété du sol se trouve concentrée en un petit nombre de mains, il arrive promptement que les propriétaires, ne pouvant ou ne voulant cultiver eux-mêmes, trouvant même que l'emploi du bail ordinaire leur cause des soins trop fréquents et exige de leur part une intervention trop active, recherchent d'autres moyens plus en harmonie avec leurs habitudes, ou avec les besoins nés de circonstances particulières, et leur permettant cependant de conserver sur la terre leur droit de propriété.

L'emphytéose, comme contrat de droit privé, ne fit son apparition qu'à l'époque du Bas-Empire, mais son origine se place très-haut dans l'histoire romaine ; on la rattache généralement aux vieilles concessions de l'*ager publicus*. — Aux premiers temps de Rome, dès Romulus peut-être, le sol romain fut divisé en trois parties ; de ces trois parts, l'une appartenait au roi et au culte, l'autre aux citoyens, la troisième restait *commune*. Cette dernière, c'est l'*ager publicus*, qui s'accrut successivement par les déchéances et la conquête. Dans l'origine, ces communaux servirent de pâturages ; mais après l'agrandissement de l'ager publicus, les pâturages furent laissés à la plèbe, tandis que l'Etat affermait les carrières, mines et salines, et que les patriciens se faisaient accorder, pour une longue durée, la possession du reste, moyennant une redevance annuelle ; telles furent les premières concessions de jouissance à long terme. Il n'y avait pas aliénation de la part de l'Etat, car la redevance, *vectigal*, était un aveu perpétuel du domaine que l'Etat conservait ; la concession était même révocable à son gré ; il avait toujours un droit de retrait, et, en réalité, les lois agraires ne furent autre chose que l'exercice légitime de ce droit de retrait perpétuel.

Mais c'est beaucoup plus à l'*ager vectigalis* qu'à l'*ager publicus* que l'emphytéose devait emprunter ses traits vraiment caractéristiques (1). Les cités, les municipes, corporations ou colléges, incapables de gérer directement leurs domaines, durent avoir recours aux baux à long terme ; possédant de vastes étendues de terrains en dehors de toute appropriation privée, des terres en friche qu'ils ne pouvaient exploiter ou faire exploiter eux-mêmes, et qui ne pouvaient pas davantage devenir la matière d'un fermage ordinaire, vu les frais considérables de défrichement nécessaires pour les mettre en valeur, ces divers corps moraux prenaient le seul parti praticable : ils concédaient à perpétuité le

(1) M. Troplong (*Louage*, n° 31) repousse toute idée de parenté entre l'emphytéose et l'*ager publicus*. Au contraire, M. de Vuy, dans un mémoire dont M. Laboulaye a rendu compte dans la *Revue de législation* (IX, p. 393), s'est efforcé de démontrer que l'emphytéose remonte jusqu'à l'*ager publicus*. M. Ortolan (Inst. de Just., III, p. 294) semble partager cette dernière opinion.

plus habituellement, quelquefois à temps, mais pour une longue période d'années, à des particuliers, la jouissance de ces vastes domaines, à la charge de les mettre en valeur et de les cultiver, et en outre sous l'obligation d'une redevance annuelle modique, appelée *vectigal:* d'où le nom d'*agri vectigales* donné aux terres ainsi concédées, et que le jurisconsulte Paul définit : « *Vectigales* (agri) vocantur qui in perpetuum locantur : id est hac lege, ut tamdiu pro illis *vectigal* pendatur, quandiu neque ipsis qui conduxerint, neque his qui in loco eorum successerunt, auferri eos liceat. » (L. 1, Pr., D., *Si ager vectig.;* VI, 3 ; — Comp. Gaii Inst., III, § 145.)

Dans le principe, le preneur vectigalien, même après la tradition du fonds opérée à son profit, n'avait que les droits d'un locataire, un simple droit de créance contre la personne morale ou bailleur. Mais le préteur et la jurisprudence intervinrent et, dès l'époque classique, il fut admis qu'après la tradition il aurait un *droit réel* opposable à tous, tant qu'il paierait la redevance ; *jure prætorio*, il fut donc investi d'un *jus prædii* ou *jus in re* sur l'ager vectigalis. En conséquence, il avait contre les tiers une action réelle utile, analogue à la revendication : sa *possession*, car il était bien possesseur, était protégée par les interdits possessoires (1); il pouvait la faire respecter sans être obligé d'emprunter la protection du bailleur ; enfin, si ce dernier venait à aliéner l'immeuble objet du contrat, son droit était opposable au nouvel acquéreur. Il pouvait lui-même aliéner l'ager vectigalis, l'hypothéquer et le

(1) L. 15, § 1, D., *Qui satisd. cog.* (II, 8).

grever d'usufruit (1); bref, moyennant une simple redevance annuelle, il avait un droit réel, transmissible à ses héritiers, qui lui procurait, tant qu'il remplissait ses obligations, des avantages équivalents à ceux de la propriété. C'est ce qui résulte du texte précité de Paul, la loi 1, D., *Si ager vectig.* (VI, 3), et du § 145, Comm. III des Institutes de Gaius.

Dans les rapports des deux parties contractantes, on se demanda quelle était la nature de ce contrat : l'aliénation de la jouissance pour un si long temps était-elle un simple bail? N'était-ce pas plutôt une vente? Gaius, qui rapporte cette controverse, en donne en même temps la solution; c'est la première solution qui l'emporta : *Magis placuit locationem conductionemque esse* (Inst., III, 145); c'était aussi l'avis de Papinien (L. 15, § 4, D., *Loc. cond.*, XIX, 2). Le preneur vectigalien pouvait donc, comme le simple fermier, faire réduire le vectigal en cas de diminution des récoltes; de plus, les risques étaient supportés, non par lui, mais par le bailleur, cité ou municipe; en revanche, ce dernier, s'il n'était pas payé pendant *deux* années consécutives, avait le droit de rentrer en possession (2); en un mot, dans ses rapports avec le bailleur, le preneur vectigalien n'était qu'un locataire, et les obligations des deux parties restaient soumises aux règles du louage; ce n'est que vis-à-vis des tiers qu'il avait un droit réel prétorien faisant de lui un quasi-propriétaire (3).

Telle était la tenure vectigalienne, qui, sauf quelques

(1) L. 1, Pr., D., *Quibus modis ususfr. amitt.* (VII, 4); L. 16, § 2; L. 17, D., *De pignerat. act.* (XIII, 7); L. 13, § 3; L. 31, D., *De pignor. et hyp.* (XX, 1).

(2) Comp. L. 56, D., *Loc. cond.* (XIX, 2).

(3) Voy. M. Pellat, *Exposé de la propr.*, p. 601 et s.

modifications accessoires, présente les caractères essentiels et donne l'exacte notion du bail emphytéotique. L'emphytéose, en effet, ne fut autre chose que le régime de l'ager vectigalis étendu dans le Bas-Empire aux terres dépendant du domaine impérial (1). L'*ager publicus* avait disparu sous l'Empire, et ses derniers débris s'étaient engloutis dans les domaines des Césars. Ces domaines embrassaient, eux aussi, de grandes étendues de terres incultes ou désertées par les propriétaires ou les colons que décourageaient les excès d'une fiscalité dévorante. La dépopulation des campagnes et l'abandon des cultures étaient la plaie de l'Empire; les Césars de Byzance essayèrent de lutter contre les progrès du mal, en imitant l'administration des municipes et en appliquant aux domaines improductifs du fisc impérial le mode de colonage pratiqué depuis longtemps pour l'ager vectigalis. La tenure vectigalienne étendue aux domaines fiscaux prit le nom d'emphytéose, *emphyteusis*, nom nouveau, d'origine grecque (ἐμφυτεύειν, planter, semer), et qui n'entra dans l'idiome juridique que vers le temps de Dioclétien.

En résumé, pendant tout l'Empire, et principalement au temps des grands jurisconsultes, l'histoire de l'emphytéose se confond avec celle du domaine fiscal et municipal; elle fait partie de l'histoire administrative de cette époque importante, c'est là son caractère le plus original.

Durant la même période, la classe moyenne des citoyens avait disparu, successivement décimée par les guerres et les proscriptions. Il ne restait plus dans les provinces qu'un très-petit nombre de propriétaires

(1) V. le titre *De fundis patrimon.*, C., XI, 61.

libres, dont les possessions étaient vastes comme des royaumes, et au-dessous d'eux une multitude d'esclaves. On ne peut imaginer une situation matérielle et morale plus funeste pour une société. On ne tarda pas à ressentir les effets habituels du travail servile; les terres devenaient désertes, la production s'annihilait; il ne restait aux mains des rares propriétaires que de vastes surfaces de sol inhabitées, d'infertiles solitudes qui arrachaient déjà à Pline le cri de détresse si souvent répété : *Latifundia perdidere Italiam et jam provincias!* Le bail à ferme, longtemps possible, ne l'était plus, faute de fermiers; quelque long qu'il fût, fût-il même perpétuel, il ne donnait pas au preneur assez de garanties, et ne lui permettait pas de défendre lui-même ses droits menacés. — On chercha divers moyens d'intéresser le cultivateur aux résultats de son travail; le *colonat* prit naissance, reconstituant dans une certaine mesure la classe des travailleurs. Mais le colonat ne s'appliquait qu'aux terres en culture, et dès longtemps une partie considérable du sol était inculte; les exigences de l'impôt devenant de plus en plus insatiables, le désert s'étendait tous les jours. Le titre du Code Théodosien, *De omni agro deserto*, est là pour attester que le fisc offrait les fonds moyennant le seul paiement de l'impôt, et même qu'il les fit prendre par force aux localités, avec l'obligation de subir cette charge. On eut alors l'idée d'employer pour les biens des particuliers le mode de tenure imaginé autrefois pour le fisc et les villes. Ce fut donc la détresse universelle, la nécessité de trouver des bras pour la culture, qui furent cause de l'extension générale de mesures d'abord inaugurées dans un but spécial.

L'emphytéose devenant ainsi un contrat de droit privé, le législateur dut s'occuper d'en définir et d'en préciser les règles. Ce fut l'objet d'une première Constitution de l'empereur Zénon (1); son œuvre fut complétée par Justinien (2), et c'est ainsi que l'emphytéose, après avoir reçu son véritable nom, et une fois assise sur des règles plus précises, rendit de notables services aux temps les plus mauvais de la période romaine, au déclin de l'Empire et dans le monde byzantin. — C'est donc à Zénon et à Justinien qu'il faut attribuer la création de l'emphytéose, dans son individualité propre, telle que nous allons l'étudier.

Jusqu'à Zénon, le bail emphytéotique fut régi par les mêmes principes que le *jus in agro vectigali* : en premier lieu, tout ce qui concernait les rapports obligatoires des parties contractantes était gouverné par les mêmes règles que les concessions de *l'ager vectigalis;* en second lieu, le preneur, après la tradition, avait sur l'immeuble un véritable droit réel prétorien, appelé *jus emphyteuticum* dès la fin de l'époque classique, et qualifié de *jus prædii* (Ulpien, L. 3, § 4, D., *De rebus cor.*, XXVII, 9). Quant à la nature de la convention qui intervenait entre les parties, la même controverse s'éleva que pour le droit vectigalien, les uns y voyant un louage, les autres une vente, car la Constitution de Zénon (L. 1, C., *De jure emphyt.*, IV, 66; Comp. § 3, Just. Inst., *De locat. cond.*, III, 24) se propose précisément pour but d'y mettre fin. Elle assigne aux locations emphytéotiques un caractère mixte et en fait un contrat distinct, ayant ses règles

(1) L. 1, C., *De jure emphyt.* (IV, 66).
(2) LL. 2 et 3, C., *ibid.*

propres et son nom particulier, tenant une sorte de milieu entre la vente et le louage, entre lesquels il fut intercalé comme contrat consensuel. Le contrat (ou pacte *légitime,* c'est-à-dire classé au rang des contrats et revêtu d'une action par le droit impérial) d'emphytéose est donc un contrat du droit civil, purement consensuel, par lequel un propriétaire s'oblige à procurer à un preneur, appelé emphytéote, *emphyteuta,* la jouissance perpétuelle ou pour très-longtemps d'un immeuble, à condition de cultiver et d'améliorer, avec le droit de transformer même la substance, et de payer une redevance annuelle. Justinien définit les fonds emphytéosés en des termes à peu près identiques à ceux dont se sert Gaius pour les *agri vectigales :* « (prædia) » quæ *perpetuo quibusdam fruenda traduntur,* id est, » ut, quamdiu *pensio* sive *reditus* pro his domino » præstetur, neque ipsi conductori, neque heredi ejus, » cuive conductor heresve ejus id prædium vendiderit, » aut donaverit, aut dotis nomine dederit, aliove quo- » quo modo alienaverit, auferre liceat. » (Inst., § 3, *De loc. cond.;* Comp. Gaius, Inst., III, 145.)

Voici les diverses questions que nous examinerons sur cette matière : Modes de constitution de l'emphytéose; — Droits de l'emphytéote; — Ses obligations; — Aliénation du droit par l'emphytéote; — Déchéances légales et autres causes d'extinction; — Particularités sur les emphytéoses ecclésiastiques.

Modes de constitution de l'emphytéose. — Le mode le plus usuel était certainement le contrat, suivi de tradition ; les textes en font foi. *L'écriture* est-elle nécessaire pour que la convention soit valable ? est-elle exigée *ad solemnitatem*, ou bien n'intervient-elle que *ad probationem ?* La raison de douter pourrait venir de la Constitution de Zénon, qui, parlant des modalités apportées par les parties au contrat, affirme leur validité *scriptura interveniente*. — Mais ces mots n'ont évidemment pas l'importance qu'au premier abord on pourrait leur donner ; sans doute, si les parties veulent déroger au droit commun, introduire des conditions non contenues dans les lois de la matière, il est nécessaire d'en convenir expressément, et c'est alors que la mention écrite doit être considérée comme un mode de preuve, sinon indispensable, au moins fort utile ; mais voilà tout : en lui-même, le contrat d'emphytéose, nous venons de le dire, est un contrat purement consensuel, n'exigeant, par conséquent, aucune écriture pour sa validité.

Il ne suffisait pas d'une convention, d'un contrat entre les parties pour donner naissance à l'emphytéose; car le contrat, en droit romain, servait bien à créer des obligations ou droits personnels, mais ne pouvait servir à transférer un droit réel. Pour arriver à ce résultat, la *tradition* était indispensable; de même que l'acheteur n'était propriétaire qu'après avoir reçu le fonds par une tradition effective, de même, après le contrat d'emphytéose, le maître pouvait valablement disposer de sa chose, tant qu'il n'avait pas rempli sa promesse en faisant tradition à l'emphytéote.

— Le droit d'emphytéose pouvait être constitué par testament. Au cas de legs d'emphytéose, le droit reste en suspens jusqu'au moment de l'adition et, de plus, jusqu'au moment où le légataire accepte l'obligation de payer le canon, dont le montant a dû être fixé par le *de cujus*.

— Le droit d'emphytéose peut-il s'acquérir par prescription? Tout d'abord, si une personne a possédé sans titre, pendant trente ans, un fonds *jure emphyteutico*, elle pourra opposer la prescription de trente ans, la *præscriptio longissimi temporis*, inaugurée par la Constitution de Théodose, à la revendication du propriétaire; mais elle ne pourra revendiquer elle-même.

Mais la possession *jure emphyteutico* donne-t-elle une action réelle au possesseur? Posée en ces termes, la question nous semble extrêmement douteuse. C'est qu'en effet, l'obligation de payer un canon annuel est constitutive de l'emphytéose et n'en peut être détachée (1); si donc on admet que la possession est susceptible de conférer les droits réels et les actions dont se compose la jouissance emphytéotique, il faut également et nécessairement admettre qu'elle peut grever le possesseur de l'obligation personnelle consistant à payer un canon annuel. Or, on ne saurait prétendre qu'une possession, quelque longue qu'elle fût, devînt pour le possesseur la source d'une obligation. Tel est le motif pour lequel il nous semble difficile de ne pas repousser toute idée de *præscriptio* en matière d'emphytéose (2). On pourra bien usucaper la propriété, droit réel simple; on ne pourra jamais usucaper l'emphytéose, ensemble indissoluble de droits et d'obligations dont une partie au moins répugne à l'établissement d'une possession.

Droits de l'emphytéote. — D'une manière générale, on peut dire que l'emphytéote a *la jouissance* du fonds emphytéosé; l'on peut ajouter la jouissance *perpétuelle*,

(1) Comp. M. Ortolan, t. III, nº 1508.
(2) En sens contraire, M. Ortolan, nº 1509.

car son droit n'était temporaire que très-exceptionnellement, et en tout cas il embrassait toujours une période considérable, hors de proportion avec la durée des simples baux à ferme : il a donc la jouissance perpétuelle ou quasi-perpétuelle du fonds : « (prædia) quæ *perpetuo* quibusdam *fruenda* traduntur.... » dit Justinien, au § 3 de notre titre.

A ce premier point de vue, l'emphytéote a donc un droit plus étendu à beaucoup près que le droit résultant d'un simple fermage. Mais la différence essentielle qui le sépare du locataire, c'est qu'il a sur l'immeuble baillé à emphytéose un *droit réel,* au moins *jure prætorio,* tandis que le locataire n'a qu'un droit personnel ou de créance contre le locateur. De cette différence capitale dérivent plusieurs autres qui ne sont que les conséquences de celle-là. Une première, déjà signalée, c'est que, au cas de louage, la seule conclusion du contrat donne naissance au droit de créance du locataire; au cas d'emphytéose, outre la convention, il faut que le maître fasse tradition du fonds à l'emphytéote ; les contrats ne sont pas translatifs de droits réels.

En second lieu, si l'emphytéote vient à être troublé dans sa paisible jouissance, il peut la faire respecter directement au moyen des interdits possessoires ; comme le détenteur de l'*ager vectigalis,* il a, en effet, la *possessio rei,* une sorte de possession dérivée ; on considère que le bailleur lui a transmis sa propre possession ; — le locataire n'ayant que la *nuda detentio,* ne peut que se retourner vers son *locator* et lui demander de faire cesser le trouble ou de l'indemniser.

De même, si l'emphytéote vient à perdre la possession du fonds objet de son droit, il a une véritable action réelle analogue à la revendication, action réelle utile qu'on a même qualifiée d'*actio emphyteuticaria*, bien que ce mot ne se retrouve nulle part dans les textes. Cette action lui compète contre toute personne, même contre le propriétaire. Ici encore, le locataire n'ayant aucun droit réel, n'a qu'une simple action personnelle contre le locateur. ne lui donnant pas, par conséquent, le droit de suite.

Autre différence : Supposons qu'après la tradition du fonds baillé à emphytéose, le maître *(dominus)* vienne à vendre à un tiers le même fonds, c'est-à-dire s'oblige à lui en transférer la propriété pleine et entière ; cette vente ne sera pas opposable à l'emphytéote, qui a un droit réel, et par suite, droit de préférence ; — le locataire, simple créancier du locateur, pourra être expulsé par le nouvel acquéreur et en sera réduit à une action en dommages-intérêts contre son bailleur : il n'a qu'un droit personnel, qui n'emporte ni droit de suite, ni droit de préférence.

Par le droit réel dont il est investi sur le fonds, l'emphytéote est dans une situation qui se rapproche sensiblement de celle de l'usufruitier : tous les deux ayant un *jus in re aliena*, le droit de l'usufruitier, aux divers points de vue que nous venons d'examiner, est régi par les règles applicables à l'emphytéote et non au locataire. Ainsi, l'usufruitier, comme l'emphytéote, a une action réelle, dite *confessoria ;* on finit aussi par lui donner les interdits possessoires pour faire respecter lui-même sa jouissance ; en un mot, il a un droit réel engendrant droit de suite et de préférence.

Cependant, le droit de l'emphytéote est encore, à

plus d'un point de vue, supérieur au droit de l'usufruitier. L'usufruit, tout d'abord, est viager; l'emphytéose est perpétuelle, et alors même qu'elle n'est constituée qu'à temps, le droit du tenancier ne périt pas avec lui et se transmet à ses héritiers testamentaires ou *ab intestat*.

En second lieu, l'usufruitier n'a pas la possession civile, la possession *animo domini* du fonds soumis à son droit ; son titre d'usufruitier suppose, en effet, et affirme en quelque sorte incessamment qu'un autre que lui est propriétaire. Cependant, comme il a une quasi-possession, comme il est *possessor juris*, on finit par lui donner des interdits possessoires *utiles* (1). Les jurisconsultes reconnaissent, au contraire, dans l'emphytéose la possession juridique de l'héritage ; l'emphytéote a la *possessio rei*, la possession complète, absolue; en conséquence, il a les interdits possessoires *directs*. En outre, et c'est une différence commune avec le locataire et l'usufruitier, il acquiert les fruits par leur simple séparation, même fortuite, du sol, et non pas seulement par la perception qu'il en opère par lui-même ou par ses gens (2).

Quant à l'étendue de la jouissance de l'emphytéote, ce que l'on peut affirmer, c'est qu'il doit avoir au moins les droits d'un usufruitier. Il aura donc tous les fruits, pourra exploiter les mines et carrières, et aura, de plus, la faculté d'en ouvrir de nouvelles, sans qu'on puisse pour cela seulement l'accuser de détérioration : les règles du droit commun ne sauraient être interprétées avec cette rigueur.

(1) *Vat. Fragm.*, §§ 90 et 91 ; Comp. M. Pellat, *Exposé de la propr.*, p. 69.

(2) Julien le dit dans la loi 25, § 1 *in fine*, D., *De usuris et fruct.* (XXII, 1) pour le preneur vectigalien.

Comme l'usufruitier, l'emphytéote a donc l'*usus* et le *fructus;* mais il a, de plus que lui, une partie notable de l'*abusus*. Rien ne l'oblige, d'abord, à conserver la substance de la chose; il peut l'altérer, la transformer, changer la disposition et la destination du fonds, à la seule condition de ne pas le détériorer : telle est la seule limite apportée à son droit; pourvu que les changements opérés ne produisent point de détérioration, il peut, comme il l'entend, modifier la forme et l'aspect de l'héritage.

En outre, l'emphytéote peut parfaitement céder son droit lui-même, sauf certaines restrictions que nous étudierons dans un paragraphe spécial, avec une Constitution de Justinien relative à cette faculté. Il peut aussi hypothéquer le fonds ou le grever de servitudes (1). Il va sans dire qu'en cas de résiliation pour jouissance détériorante et abusive, ou en cas d'expiration de l'emphytéose par suite de l'évolution de la période convenue, si l'emphytéose est à temps, le fonds fait retour au propriétaire franc et quitte des hypothèques ou servitudes créées du chef de l'emphytéote; tous les droits réels par lui concédés s'évanouissent. C'est une application de la règle *resoluto jure dantis, resolvitur jus accipientis*.

En résumé, l'emphytéote a un droit au moins égal, parfois supérieur même à celui de l'usufruitier ; toutefois ce droit, même dans l'emphytéose perpétuelle, n'est pas identique au domaine de propriété; c'est, en un mot, un droit réel composé de démembrements importants de la propriété, mais qui ne l'absorbe pas tout entière et laisse subsister dans une certaine me-

(1) Voir les textes cités *suprà*, p. 14, note 1, *adde: Frag. Vat.*, § 61.

sure le droit du bailleur à emphytéose; c'est un droit réel de jouissance se rapprochant du droit de propriété, qu'on a parfois qualifié de *domaine utile*, à tort suivant nous, car c'est là une idée qui n'a pris naissance que plus tard dans notre ancien droit *(infrà)* (1). Ce n'est que grâce à ce droit réel qui, à la différence du louage ordinaire, donne au preneur toutes les garanties désirables et lui permet de défendre lui-même ses droits menacés, que les propriétaires de ces immenses étendues de terres incultes et en friche dont nous parlions tout-à-l'heure, trouvèrent moyen de rendre, pour ainsi dire, la vie à leurs domaines sans éprouver une perte trop considérable. Car, si l'emphytéote avait des droits nombreux et importants, il avait aussi des obligations.

Obligations de l'emphytéote. — Son obligation principale et essentielle consiste dans le paiement d'une redevance annuelle ou canon, *pensio, reditus*. Ce canon revêt un double caractère : il représente, d'abord, l'équivalent des fruits perçus, comme la *merces* que reçoit le bailleur ; en outre, il est aussi établi dans une certaine mesure *in recognitionem dominii*, pour bien marquer que le droit est constitué *in re aliena*, et rendre impossible l'usucapion ultérieure de la propriété.

La canon doit être versé au propriétaire en une seule fois, par l'emphytéote. Comme conséquence, l'emphytéote ne pourrait diviser le fonds en chargeant chacun des ayants cause du paiement *pro rata parte* ; le maître pourrait voir dans cette division une aggravation aux charges communes et une violation du

(1) La Rente foncière dans l'*ancien dr. fr.* (V. la table.)

contrat primitif, lequel, nous le verrons, permet bien la vente ou l'aliénation quelconque, mais de telle sorte que l'acquéreur soit entièrement substitué à l'emphytéote.

Quant à la question des risques, elle est prévue et résolue par la Constitution de Zénon. Aux termes de cette Constitution, il faut distinguer suivant que la perte par cas fortuit du fonds est *totale* ou seulement *partielle :* dans le premier cas, les risques seront pour le propriétaire, et l'emphytéote se trouvera libéré de son obligation; tandis que, dans la même hypothèse, l'*acheteur* ne pourrait réclamer le prix par lui versé, ou continuerait à le devoir si, par exemple, il avait été établi sous forme de rente perpétuelle; c'est donc la règle admise pour le louage qu'on applique dans ce premier cas. — S'il s'agit, au contraire, d'une perte partielle, en principe et sauf convention contraire des parties, rien n'est changé dans le contrat primitif, le canon ne sera pas diminué, l'emphytéote sera toujours également tenu : les risques, dans ce cas, sont donc pour le preneur ; on applique ici la règle de la vente et non plus du louage. On peut l'expliquer par la raison que le canon était le plus ordinairement d'une somme modique, autant récognitive du droit de propriété du *dominus* que représentative des fruits et produits de l'héritage. (L. 1, C., *De jure emph.*, et § 3, Inst. Just., *De loc. cond.)*

Le cas fortuit peut avoir porté non sur le fonds lui-même, mais sur la récolte d'une ou de plusieurs années. Nous avons vu que, dans ce cas, Papinien (*suprà*, p. 14) assimile le détenteur de l'*ager vectigalis* au fermier et lui donne droit à une réduction proportionnelle du *vectigal*. Mais ici, évidemment, l'esprit de la Constitution précitée serait trop contraire à cette opinion. Zénon, en effet, semble avoir voulu que toujours les risques fussent pour l'emphytéote; il n'a fait qu'une seule exception au cas de perte *totale* du fonds. Le caractère du canon, croyons-nous, ne saurait s'accommoder de l'idée de proportionnalité avec la perception des fruits (1).

La même solution devrait être, suivant nous, adoptée, quel que soit le motif de la stérilité accidentelle qui a frappé le fonds : événements de la nature, inondation, invasion de guerre... etc. On pourrait, il est vrai, objecter que dans ces hypothèses l'emphytéote a perdu la possession naturelle de la chose; mais nous n'avons pas rencontré de texte duquel on puisse induire que l'obligation au canon soit liée à la possession, de telle sorte qu'une intermittence momentanée dans celle-ci produise pour l'emphytéote une libération temporaire.

En résumé, les risques sont tantôt pour le maître, tantôt pour l'emphytéote; au cas de perte totale, « si *totius rei* interitus accesserit, » dit Justinien dans ses Institutes, ils sont pour le maître : « ad dominum super hoc redundare periculum; » au cas de perte partielle, « sin *particularis,* » ils sont pour l'emphytéote : « ad emphyteuticarium hujusmodi damnum venire. » (Inst. Just., *Loc. cit.*)

— Accessoirement au canon, l'emphytéote est seul chargé des *impôts* afférents au fonds (L. 2, C., *De jure emphyt.*). On ne doit même pas distinguer entre les impôts ordinaires et extraordinaires, car le Code ne

(1) En ce sens M. Ortolan, III, n° 1507.

distingue pas et porte la même sanction dans tous les cas. Justinien dispose même que l'emphytéote doit rapporter au maître les quittances constatant le paiement *(publicarum functionum apochæ)*, ce qui prouve qu'il est principalement et personnellement tenu.

Une autre obligation imposée à l'emphytéote consiste dans *l'entretien* du fonds. Aucun texte ne la mentionne, il est vrai, expressément, mais l'origine même du droit emphytéotique, son étymologie, et surtout le but dans lequel le propriétaire se dépouillait de presque tous les attributs de la propriété, en font, ce nous semble, une preuve suffisante. L'entretien du fonds se manifeste ici par la culture : laisser le domaine en friche constituerait pour l'emphytéote une violation manifeste de son contrat.

Comme corollaire de cette obligation, il semble qu'on puisse déduire que le contrat d'emphytéose doit toujours produire pour le fonds une amélioration. On ne concède ainsi que des terres incultes ou stériles, auxquelles, par conséquent, le seul fait de la culture doit donner une amélioration considérable. Ainsi envisagée, la question ne nous paraît pas faire difficulté.

Mais faut-il dire, en se plaçant à un autre point de vue, que l'emphytéote, lors de la cessation de son droit, pourra se faire indemniser par le maître? faut-il aller jusqu'à lui donner droit à une indemnité pour l'amélioration par lui procurée au fonds? C'est un emphytéote, par exemple, qui a construit des bâtiments, effectué des travaux de diverses natures, d'irrigation, de plantation... : sera-t-il réduit à livrer le tout au propriétaire sans exiger au moins l'équivalent de la plus-value procurée au fonds ? — La question, nous le verrons, est tranchée au Code (L. 3, *De jure emphyt.*), mais pour un cas spécial : quand la déchéance est prononcée à titre de *peine* contre l'emphytéote ; dans ce cas, toutes les améliorations qu'il a pu faire, et que comprend le terme grec d'ἐμπονήματα, passent sans indemnité au propriétaire. Seulement, il s'agit ici d'une peine ; par conséquent, cette décision ne saurait être étendue au cas de cessation du droit par l'échéance du terme, par exemple. Dans ce cas, nous ne voyons pas de raison pour traiter l'emphytéote plus durement qu'un simple possesseur de bonne foi (Comp. M. Accarias, *Dr. rom.*, I, nº 212) ; nous lui donnerons donc le droit de se faire rembourser, au moyen de l'exception de dol, les dépenses nécessaires intégralement et les dépenses utiles jusqu'à concurrence de la plus-value seulement.

— La sanction des obligations imposées à l'emphytéote était la *déchéance* ou *commise* emphytéotique, pour défaut de paiement du canon, au sujet de laquelle les textes donnent des renseignements très-complets.

La déchéance, d'après le Code, est encourue pour un retard de *trois années* consécutives dans le paiement du canon (L. 2, C., *De jure emphyt.*, *loc. cit.*). C'est donc une nouvelle différence avec le contrat de louage, dont l'extinction est produite par le non-paiement des fermages pendant *deux* années seulement ; de même le propriétaire peut rentrer en possession de l'*ager vectigalis*, s'il n'est pas payé pendant le même nombre d'années ; ici, au contraire, il faut un retard de trois années pour produire la déchéance. Justinien a pensé que l'emphytéote ayant un droit durable sur le fonds, la quasi-propriété de ce fonds devait s'y attacher comme à sa chose, et le cultiver, l'administrer comme un patrimoine de famille; il n'y avait donc point d'inconvénient à augmenter le délai pendant lequel le propriétaire ne pourrait se plaindre de ne pas recevoir le canon; d'autant que l'emphytéose nécessitait le plus souvent des frais considérables de défrichement, de plantations et autres travaux de même nature. Ajoutons enfin que, dans la plupart des cas, les risques, nous l'avons vu, étaient pour le compte de l'emphytéote; il supportait la perte *partielle,* c'est-à-dire la plus fréquente, du fonds, et n'avait vraisemblablement droit à aucune diminution du canon dans les années stériles. Tels sont les divers motifs qui ont dû faire porter le délai de deux à trois années.

Nous avons déjà dit que le paiement doit être complet, et comprendre, outre le canon proprement dit, les impôts dont l'emphytéote se trouve chargé. Un paiement partiel ne saurait suffire, quelle que soit son importance, d'après les termes impératifs de la loi; la déchéance ou commise n'en serait pas moins encourue pour la totalité du droit, et non seulement pour une partie proportionnelle, car la dette est de sa nature indivisible; d'où les effets du défaut de paiement sont toujours les mêmes et ne peuvent varier.

Le paiement effectif peut cependant, d'après la Constitution de Justinien, être remplacé par des *offres* suivies de *consignation* dans les délais de droit; mais les deux choses sont cumulativement requises. « Licentiam ei concedimus, dit Justinien, attestatione præmissa, *pecunias offerre, hisque obsignatis et secundum legem depositis,* minime dejectionis timere periculum; » de simples offres non suivies de consignation ne suffiraient donc pas pour éviter à l'emphytéote la déchéance de son droit. (L. 2, *in fine*, C., *Loc. cit.*)

De même, comme les peines sont de droit strict et que rien dans les textes n'exige à peine de nullité que le paiement soit fait des mains mêmes de l'emphytéote, nous pencherions à admettre que les versements reçus par le propriétaire à l'aide de la *compensation* ou du paiement fait par un tiers sans mandat de l'emphytéote suffiraient pour empêcher la commise au détriment de ce dernier. Ce serait, en effet, ajouter à la rigueur de la loi que de décider le contraire.

De même encore, nous croyons qu'en cas de *minorité* ou de *bonne foi* chez l'emphytéote, malgré le texte précis de la loi, qui ne fait aucune distinction *(odiosa restringenda)*, il faudrait cependant appliquer les dispositions du droit commun, c'est-à-dire venir au secours de l'emphytéote au moyen de la *restitutio in integrum*. En effet, du temps des jurisconsultes (L. 1 et 2, D., *De in integr. restit.*, IV, 1), on était d'accord pour donner la *restitutio* dans le cas d'une juste erreur, aussi bien qu'en cas de minorité.

Les parties peuvent aussi déroger à la règle posée par la Constitution de Justinien, car la déchéance pour défaut de paiement n'est pas d'ordre public. On peut donc convenir qu'elle n'aura pas lieu, et cette convention sera parfaitement valable ; la Constitution de Justinien ne statue, en effet, qu'à défaut d'arrangements pris par les parties elles-mêmes. Ces arrangements peuvent être pris, soit dans l'acte même de création de l'emphytéose, soit dans un acte postérieur, avant ou après la déchéance encourue. En d'autres termes, la remise de la déchéance peut toujours avoir lieu expressément ; ce n'est qu'à défaut de convention expresse entre les parties qu'aux termes de la loi 2, C., *De jure emphyt.*, le défaut de paiement du canon pendant trois années produit la déchéance.

Il peut y avoir remise expresse de la déchéance ; peut-il y avoir remise simplement *tacite*, et quand y aura-t-il remise tacite ? Quels actes du propriétaire doivent la faire présumer ? Ainsi, je suppose que l'emphytéote a interrompu le versement du canon pendant trois années au moins ; au bout de ce temps, le propriétaire l'actionne en paiement des canons échus, ou bien reçoit purement et simplement les canons qui lui sont spontanément offerts par l'emphytéote, sans protestation ni réserves : la question est de savoir si, après cette acceptation pure et simple, on doit encore permettre au propriétaire de poursuivre la déchéance, ou si, au contraire, il ne doit pas être censé en avoir fait une remise tacite. En un mot, la remise de la déchéance doit-elle nécessairement être expresse ? Ne peut-elle pas implicitement résulter de certains actes du propriétaire ; ne peut-elle pas être tacite ?

Pour prétendre qu'il peut y avoir remise tacite, notamment dans l'hypothèse que nous venons de faire, on a d'abord raisonné comme suit : la déchéance, a-t-on dit, n'a été légalement établie que comme une réparation de l'injure faite au maître par le refus de reconnaissance de son droit de propriété ; car, rester trois années sans payer le canon, c'est bien là méconnaître les droits du propriétaire. Or, si avant que le maître ne songe à se prévaloir de la déchéance encourue par l'emphytéote, celui-ci effectue, tardivement il est vrai, mais enfin effectue le paiement des canons échus, le refus de reconnaissance du droit du propriétaire n'est-il pas effacé par ce paiement tardif? L'injure n'existe donc plus; d'où la réparation est sans objet. (En ce sens : Voët, *Ad Pandectas, Si ager vectigalis*; et Vinnius, *Quæstiones selectæ*, lib. II, cap. 3.)

En partant du point de départ que prennent les partisans de ce système, le raisonnement auquel ils se livrent est juste et la conclusion qu'ils en tirent, rigoureuse. Mais nous avons déjà eu soin de faire remarquer que le canon dû par l'emphytéote a un caractère mixte ou complexe, de telle sorte qu'il est faux de lui attribuer uniquement, comme on le fait dans ce système, le caractère d'une reconnaissance du droit de propriété du maître; c'est, croyons-nous, mêler à la question des idées de suprématie personnelle qui ont leur origine dans le droit féodal et que subissaient peut-être à leur insu les auteurs de cette époque. Sans doute, le canon empêche que l'usucapion de la propriété puisse avoir lieu au profit de l'emphytéote; mais bien qu'il ne représente pas les fruits perçus d'une manière aussi absolue que dans le bail ou le colonat, il n'en a cependant pas moins pour raison d'être principale de constituer pour le propriétaire, qui en somme s'est dépouillé de tous les attributs utiles de sa propriété, une rémunération des droits qu'il a conditionnellement cédés : qu'on se rappelle les causes qui ont donné naissance à l'emphytéose !

On a compris la valeur de cette objection, et alors on a eu recours à un argument au moins plus spécieux. L'argument consiste à assimiler le droit du propriétaire à la déchéance, à une clause pénale dont les parties seraient antérieurement convenues pour remplacer le paiement du canon, c'est-à-dire l'obligation principale non exécutée; et de cette assimilation on conclut avec raison que, dans de telles circonstances, il est impossible que le propriétaire puisse tout à la fois réclamer de l'emphytéote *pœnam et rem;* on ne peut raisonnablement lui permettre de se prévaloir en même temps et de l'obligation principale, et de celle destinée à en tenir lieu, car évidemment, d'après l'intention commune des parties, ces deux obligations ne sont dues que *disjunctim* par l'emphytéote. — L'argument ne manque pas de force; cependant, pour arriver à la conclusion à laquelle il conduit, il faut encore admettre le point de départ du raisonnement; or, qui ne voit combien il y a loin de la clause pénale civile ordinaire à l'action en déchéance, dans le cas qui nous occupe? Prenons l'exemple de la *lex commissoria* en matière de *vente :* il est évident que si le vendeur accepte le prix après l'expiration du terme, il ne pourra plus ensuite, usant du pacte commissoire, résoudre la vente et reprendre la chose vendue, parce qu'il obtiendrait de la sorte à la fois la chose *et* le prix, ce qui serait inique; il y aura donc, dans ce cas, remise tacite de la faculté d'user du pacte commissoire, remise tacite résultant précisément de l'acceptation volontaire du prix après le terme convenu. Mais si de la vente nous passons au *louage,* il est non moins évident que le bailleur qui reçoit la *merces* après l'expiration du terme n'est pas censé pour cela renoncer au droit de réclamer sa chose, car la location n'a pas transmis la propriété, ou plutôt il ne s'est pas obligé à transférer au locataire la propriété de sa chose; en d'autres termes, le droit du bailleur sur la chose et son droit à la *merces* existent concurremment, le but de chacun n'est pas le même. Or, n'y a-t-il pas sur ce point une analogie étroite entre l'emphytéose et le louage, et une grande distance entre ce même contrat et la vente?

Notre conclusion est donc qu'on ne peut voir une remise tacite de la déchéance ou commise encourue pour non-paiement du canon, dans ce fait que le propriétaire a accepté sans réserves les canons échus après l'expiration des trois années que ne pouvait dépasser l'emphytéote.

Mais il y a un cas, et ceci résulte de nos explications précédentes, où la question devrait être autrement résolue : c'est celui où les parties, au lieu de s'en tenir au droit commun, c'est-à-dire à la Constitution de Justinien, auraient, d'un commun accord, expressément stipulé une clause pénale pour l'hypothèse qui nous occupe, celle où le paiement du canon ne se ferait point régulièrement. Il est certain qu'alors le propriétaire ne pourrait sans injustice réclamer à la fois les canons échus, le montant de la clause pénale et la déchéance. Ces trois obligations, en effet, n'ont en réalité que deux sources distinctes; deux d'entre elles, la clause pénale et la déchéance, sont destinées à remplir identiquement le même but, et les demander cumulativement serait bien exiger, cette fois, *pœnam et rem.*

Maintenant que nous connaissons les droits et les obligations de l'emphytéote, nous allons passer à l'examen d'une faculté spéciale que nous lui avons déjà reconnue et qui a fait elle-même l'objet d'une Constitution de Justinien : la faculté qu'a l'emphytéote d'aliéner son droit, en observant les conditions légales.

De l'aliénation du droit par l'emphytéote. — L'exercice de cette faculté spéciale fait l'objet de la loi 3, C., *De jure emphyt.*, qui est une Constitution de Justinien; aussi doit-elle être étudiée séparément, à cause de son importance pratique, des formalités qui doivent être remplies, et des déchéances qui peuvent être encourues à cet égard.

Avant la Constitution de Justinien, l'emphytéote domanial et même celui qui nous occupe avaient déjà la faculté d'aliéner leur droit sur le fonds. Seulement l'aliénation ainsi consentie ne changeait en rien les relations du propriétaire avec le vendeur et n'en créait pas de nouvelles avec l'acheteur. En d'autres termes, la vente, ou l'aliénation quelconque, était tout simplement pour le propriétaire *res inter alios acta;* en conséquence, il continuait à s'adresser à l'emphytéote primitif pour le paiement de la redevance.

Il en résultait une situation vraiment fâcheuse pour l'emphytéote, qui ne pouvait arriver à se débarrasser complétement des conséquences de son contrat primitif. Aussi il est probable qu'en fait, les parties s'efforçaient d'obtenir la ratification du propriétaire, c'est-à-dire l'admission du nouvel emphytéote aux lieu et place de l'ancien, qui se trouvait ainsi déchargé, mais, comme de juste, au prix d'un sacrifice pécuniaire dont le propriétaire taxait arbitrairement le montant.

Justinien voulut précisément que cette décharge pût désormais s'effectuer dans tous les cas, sans que le propriétaire pût l'empêcher par des prétentions exagérées. En même temps, il régla les formes de la transmission, établit pour certains cas un droit de *préemption* au profit du propriétaire, et sanctionna toutes ces dispositions en établissant des déchéances.

Voici en quelques mots le système inauguré par sa Constitution, tel qu'il ressort de sa simple lecture : — La Constitution n'est applicable qu'à défaut de conventions entre les parties. — Le transfert du droit ne peut avoir lieu sans le consentement du maître. — L'emphytéote doit déclarer au maître quel prix lui est offert comme équivalent de son droit, et le maître, dans l'espace de *deux mois*, peut exercer la préemption, c'est-à-dire prendre le marché pour son compte. — Si le maître laisse passer les deux mois, ce laps de temps équivaut à un consentement tacite de sa part; le transfert peut avoir lieu, et le nouvel emphytéote doit être agréé comme tel, pourvu toutefois qu'il soit solvable. — Le maître ne pourra percevoir, au sujet de ce transfert, que la cinquantième partie du prix ou de l'estimation, soit 2 0/0. — Enfin la sanction pour l'emphytéote, en cas d'omission de ces diverses formalités, est la déchéance de son droit.

— Lorsque l'emphytéote se propose de vendre ou, d'une manière plus générale, d'aliéner, la première condition qu'il doit remplir est d'annoncer au maître l'intention qu'il a d'aliéner son droit, afin de le mettre en demeure de lui accorder son autorisation. Cette mise en demeure du propriétaire a un double caractère et poursuit deux buts différents : elle est d'abord destinée à permettre au propriétaire d'exercer le retrait, et en outre elle lui donne le moyen de s'enquérir des qualités de son nouveau débiteur; par suite du transfert, le propriétaire va changer de débiteur; il faut donc qu'il puisse examiner si celui qu'on lui présente offre des garanties de solvabilité suffisantes.

Cette remarque n'est pas sans importance. On a, en effet, agité la question de savoir si cette obligation de l'emphytéote, de faire part au propriétaire de son projet d'aliénation, est générale et s'applique à toute espèce d'aliénation. Elle est évidente et ressort du texte même de la loi 3, C., *De jure emphyt.*, quand l'emphytéote veut *vendre* son droit; existe-t-elle aussi quand le transfert doit avoir lieu autrement que par la vente?

Le doute provient de ce que Justinien a entremêlé dans sa Constitution les formalités relatives à la vente seule, avec celles qui s'appliquent, en général, à tout autre mode d'aliénation. Et pour dire que cette première formalité est spéciale à la vente, n'est exigée de la part de l'emphytéote qu'au cas de vente, on a prétendu qu'elle a pour but unique de faciliter au propriétaire l'exercice de son droit de retrait; si, a-t-on dit, l'emphytéote doit faire sa déclaration au propriétaire et surseoir à l'aliénation pendant un délai de deux mois, c'est uniquement pour lui permettre d'user de la faculté que lui donne la loi d'exercer le retrait, c'est-à-dire de prendre le marché pour son compte. Or, ce droit de retrait ne se conçoit que dans le cas de vente; on en conclut qu'en cas d'échange ou de donation, par exemple, l'emphytéote peut seul transférer son droit, sans réclamer le concours du propriétaire.

Mais il est clair qu'avec notre point de départ, en partant de cette idée qui nous paraît juste, à savoir que la déclaration de l'emphytéote n'a pas seulement pour but de permettre au propriétaire d'exercer le retrait, qu'elle constitue également pour lui un moyen de vérifier la solvabilité de son nouveau débiteur, l'objection que nous venons de présenter n'a plus de raison d'être. Car l'intérêt est apparemment le même, qu'il s'agisse d'un acheteur, d'un échangiste ou d'un donataire. Il y a donc là un motif puissant pour exiger la déclaration dans tous les cas, sans exception, aussi bien au cas d'échange ou de donation qu'au cas de vente ; le propriétaire y a toujours intérêt; le but du législateur a dû être de sauvegarder cet intérêt dans tous les cas et non pas seulement au cas de vente.

— Le consentement du maître doit être requis, mais il n'est pas nécessaire qu'il soit accordé d'une manière expresse; il peut l'être, au contraire, soit expressément, soit tacitement. Rien de particulier pour le consentement exprès; quant au consentement tacite, il résulte, d'après la Constitution de Justinien, de l'expiration du délai de *deux mois*, à dater du jour de la déclaration, pendant lequel l'emphytéote doit nécessairement surseoir à l'aliénation. Le délai une fois écoulé, le transfert peut avoir lieu sans que la déchéance soit encourue.

Cette nouvelle obligation imposée à l'emphytéote d'attendre deux mois, après sa déclaration, avant de passer outre à l'aliénation, est le complément nécessaire de la première ; elle a plus spécialement pour but de donner au propriétaire le temps de réfléchir sur le parti qu'il doit prendre relativement à son droit de retrait; il fallait bien qu'il fût mis à même d'étudier les conditions d'un contrat qu'il peut faire sien et d'en peser soigneusement les conséquences ; il fallait aussi, c'était un point non moins essentiel, lui permettre, encore une fois, de s'enquérir des facultés du nouveau débiteur qu'on lui présente, de son état de solvabilité.

Ce délai de deux mois n'est expressément imposé, par notre texte, à l'emphytéote, que s'il s'agit pour lui de passer une *vente;* le passage de la Constitution où il est question de ces deux mois se trouve, en effet, englobé dans le paragraphe traitant du retrait spécial à la vente. Et ici encore, on a argumenté de cette disposition pour prétendre qu'il s'agissait d'une obligation propre au cas de vente, et non pas commune aux autres modes d'aliénation.

Cette argumentation, qui consiste à interpréter d'une manière restrictive les prescriptions édictées par la loi 3, *De jure emph.*, ne nous paraît pas plus fondée que tout-à-l'heure. Tout d'abord, au point de vue rationnel, on ne voit guère pour quels motifs Justinien aurait distingué, à cet égard, entre la vente et les autres modes de transfert du droit emphytéotique. S'il est juste de donner au propriétaire le temps de se renseigner sur le nouvel acquéreur, il faut également que ce temps soit limité, afin que l'emphytéote sache à quel jour précis il peut passer outre sans encourir la déchéance. L'opinion contraire équivaudrait à nier que le consentement du maître puisse être tacite ailleurs que dans la vente. Et enfin, il serait par trop extraordinaire que Justinien, dont la Constitution, en somme, a en vue de faciliter la transmission du droit emphytéotique, ait précisément laissé au maître le moyen d'empêcher cette transmission par sa seule inertie, dans tous les cas, sauf celui de vente. — Quant au texte de la loi, qui paraît bien contraire à notre opinion, nous répondrons simplement que l'ordre n'est point la qualité dominante de cette Constitution; et, dans de telles circonstances, en même temps que le texte, il faut consulter l'esprit de la loi; or, ici, cet esprit ne laisse place à aucun doute.

— Les formalités requises pour l'aliénation du droit de l'emphytéote s'appliquent également à l'aliénation des améliorations qui proviennent de lui, de ce que Justinien appelle les *meliorationes* ou ἐμπονήματα du fonds emphytéotique. Ce sont les parties améliorées par la culture et les soins de l'emphytéote, comme les vignes, les bois plantés par lui dans les lieux qui, au moment de son entrée en jouissance, étaient en friche ou stériles. S'il veut les aliéner, il doit, comme pour l'aliénation du droit principal, requérir le consentement du propriétaire et attendre un délai de deux mois, si celui-ci ne fait pas de suite connaître ses intentions. Après ce délai, il pourra passer outre, comme il a été dit plus haut; en un mot, la loi 3, *De jure emph.*, met absolument sur la même ligne, à ce point de vue, l'aliénation du droit emphytéotique lui-même et celle des simples améliorations. Il est même remarquable que, dans la Constitution de Justinien, ces ἐμπονήματα tiennent plus de place que le droit emphytéotique. L'empereur a voulu, sans doute, que le propriétaire pût ainsi surveiller d'une manière plus étroite les agissements de l'emphytéote et entraver en même temps les dégradations de celui-ci par la crainte d'une déchéance.

— Mais ces conditions ne sont imposées qu'au cas d'une aliénation proprement dite, soit du droit emphytéotique, soit des améliorations opérées par l'emphytéote; il ne faudrait pas étendre plus loin son obligation. Ainsi, l'autorisation du maître ne serait point nécessaire pour la constitution d'un gage ou d'une servitude sur le fonds emphytéosé; ce qui va de soi, puisque, d'une part, les droits ainsi concédés tombent avec la possession du concédant, par application de la règle *Resoluto jure dantis resolvitur jus accipientis;* d'autre part, ils ne changent en rien les relations de l'emphytéote avec le propriétaire ; celui-ci aura toujours en face de lui le même débiteur, conservant le même fonds et en tirant le même revenu : aucune atteinte n'est donc portée aux droits du propriétaire.

— Une nouvelle condition imposée à l'emphytéote qui veut aliéner son droit est relative à la personne de l'acquéreur ; il faut qu'il soit capable d'acquérir le droit emphytéotique, car, toujours d'après la même Constitution de Justinien, il semble bien que la capacité exigée à cet effet soit une capacité spéciale, plus étroite que la capacité ordinaire ou de droit commun. La loi 3 de notre titre ne permet, en effet, à l'emphytéote de vendre que *his personis quæ non solent in emphyteuticis contractibus vetari ad hujus modi venire emptionem ;* et la même loi appelle ces personnes *non prohibitas, sed concessas et idoneas ad solvendum emphyteuticum canonem.* — Il résulte tout d'abord de ces termes que les personnes auxquelles il est permis de transférer le droit emphytéotique doivent être solvables, *idoneæ ad solvendum canonem.* Le propriétaire, pour motiver son refus d'agréer le nouvel acquéreur, peut donc alléguer son insolvabilité ; la loi le dit expressément. Et devant un pareil refus, l'emphytéote n'a plus d'autre ressource que de cautionner son acquéreur.

Mais, outre les personnes insolvables, il semblerait encore résulter de la Constitution qu'il existait pour le contrat d'emphytéose des exclusions légales, en dehors du droit commun. Seulement, on ne voit nulle part, faite au Code, l'énumération de ces *personæ prohibitæ,* sauf cependant dans la matière toute spéciale des emphytéoses ecclésiastiques (Nov. CXX, cap. V). Force est donc de nous en tenir au droit commun et de n'excepter, outre les insolvables, que les personnes incapables de figurer dans un contrat quelconque, ou encore celles auxquelles la convention des parties défend de transmettre le droit emphytéotique.

C'est ainsi que nous permettrons aux *curiales*, quoiqu'ils ne puissent acquérir un droit d'emphytéose sur les biens des cités, ni prendre à bail des terres appartenant à autrui, d'acquérir un droit d'emphytéose sur les biens des particuliers. Aucun texte, d'abord, ne le leur défend ; et, au point de vue rationnel, on comprend que la loi romaine ait distingué, à cet égard, entre l'emphytéose ordinaire et soit l'emphytéose domaniale, soit le simple bail à ferme. Autre chose est, en effet, pour un curiale, de devenir emphytéote d'un bien appartenant à la cité, aux intérêts de laquelle il est chargé de veiller ; autre chose de devenir emphytéote d'un bien appartenant à un particulier ; de même, entre le bail et l'emphytéose, il y a une différence trop profonde pour étendre de l'un à l'autre l'incapacité dont sont frappés les curiales.

Nous résoudrons dans le même sens, et pour les mêmes motifs, la question de savoir si l'acquéreur du droit emphytéotique doit fournir une *caution*. La Constitution de Justinien est muette sur ce point ; et ce silence, suivant nous, est d'autant plus significatif que, lorsqu'il s'agit de l'emphytéose des biens du domaine impérial ou encore des fonds appartenant à des cités ou à des églises, les textes décident expressément que l'on doit exiger une caution. On s'explique, d'ailleurs, que la loi entoure les personnes morales de plus de protection que les particuliers ; mais en l'absence d'un texte, on ne saurait étendre à l'emphytéote des biens des particuliers l'obligation de fournir caution imposée aux autres emphytéotes.

— Le propriétaire, mis en demeure de se prononcer par la déclaration que lui fait l'emphytéote de son intention d'aliéner, peut choisir entre deux partis différents : exercer le retrait, ou consentir à l'aliénation et se faire payer un droit qui ne peut excéder le cinquantième du prix ou de l'estimation.

1° Il a un droit de retrait ou de préemption. — Ce droit existe certainement en cas de *vente ;* la question est de savoir s'il existe pareillement pour les autres modes d'aliénation. La majorité des auteurs se prononcent pour la négative, et cette opinion se justifie facilement si l'on réfléchit aux conséquences du retrait, suivant le mode employé pour l'aliénation du fonds emphytéotique. En cas de vente, ce que demande l'emphytéote, c'est tout simplement une somme d'argent ; peu lui importe que cette somme lui soit versée par l'acquéreur ou par le propriétaire ; l'argent de l'un vaut bien l'argent de l'autre ; si donc le propriétaire veut exercer son droit de préemption, il paiera le prix et tout sera dit : l'emphytéote aura atteint son but. Au contraire, si de la vente nous passons à l'échange, par exemple, ou à la donation, la situation est loin d'être la même. Ce sont là, en effet, des contrats d'une nature spéciale, qui sont faits toujours *intuitu personæ* ou tout au moins *intuitu rei ;* par conséquent, si au cas où l'emphytéote veut aliéner son droit à titre de donation ou d'échange, on l'oblige à subir le droit de préemption du propriétaire, son but, cette fois, ne sera plus atteint. S'il consent à aliéner à titre d'échange, c'est pour acquérir un objet ou un fonds déterminé, de sorte que lui donner seulement l'estimation de cet objet ou de ce fonds, c'est contrarier sa volonté, le frustrer arbitrairement de son droit et, par suite, rompre les conditions du contrat, ce qui ne pourrait avoir lieu qu'en vertu d'un texte exprès. Il en est de même, à plus forte raison, en cas de donation : l'argent du propriétaire ne remplace pas pour l'emphytéote la libéralité qu'il voulait faire.

Vainement objecte-t-on, en sens contraire, la généralité des termes de la loi 3, C., *De jure emph.*; le texte de la Constitution, dit-on, peut également s'appliquer à tous les modes d'aliénation ; il prévoit, en effet, l'hypothèse où l'emphytéote voudrait « suas meliorationes *alienare* vel jus emphyteuticum *in alium transferre;* » là où la loi ne distingue pas, il ne faut pas non plus distinguer. — A l'appui de ce moyen, on ajoute qu'on admet très-généralement (nous l'avons nous-même admis) que l'emphytéote qui se propose d'aliéner son droit à titre d'échange ou de donation doit en prévenir le propriétaire et attendre un délai de deux mois, aussi bien que quand il veut vendre. Le motif, dit-on, est apparemment le même que pour la vente : permettre au propriétaire d'exercer la préemption.

Ces arguments ne manquent pas de valeur; cependant, nous ne les croyons pas décisifs. Sans doute, le passage de la Constitution paraît sur ce point aussi général que possible; mais nous avons déjà dit que la rédaction de cette Constitution laisse beaucoup à désirer, et s'il est possible d'interpréter le passage d'une manière aussi large, il faut pourtant reconnaître qu'il est bien plus naturel de l'appliquer à la vente, car il y est question de *prix* et ce mot ne peut s'entendre de toute espèce de contrats. Quant à l'argument tiré de ce que le premier paragraphe de la Constitution déclare applicable à toute aliénation la demande en autorisation, nous l'avons réfuté par avance : la demande en autorisation et le délai pendant lequel l'emphytéote doit surseoir à l'aliénation n'ont pas seulement pour but de permettre au propriétaire d'exercer le retrait, ils ont une seconde utilité : lui donner le moyen et le temps de se renseigner sur l'état de solvabilité de son nouveau débiteur, ce qui est essentiel, puisqu'il peut, nous l'avons vu, motiver son refus de consentir à l'aliénation, sur son insolvabilité. — Les objections ne sont donc pas décisives ; dans tous les cas, elles ne nous semblent pas de nature à prévaloir contre les raisons de fond que nous avons indiquées (1).

2° Si le propriétaire consent à l'aliénation du droit emphytéotique, il a le droit de percevoir le *cinquantième* du prix ou de l'estimation, *quinquagesimam partem pretii vel æstimationis loci*. Ce paiement du cinquantième est le prix du consentement du propriétaire et de l'admission du nouvel emphytéote par lui. Justinien, en effet, a voulu permettre à l'emphytéote qui aliène son droit de rompre ses anciennes obligations envers le propriétaire et de s'exonérer de toute garantie, contrairement au droit antérieur. Cet avantage, très-sensible pour lui, l'emphytéote le paie en versant au propriétaire 2 0/0 du prix ou de l'estimation de son droit aliéné. On appelle *laudemium* ce

(1) En sens contraire, M. Accarias, t. II, p. 485.

versement du cinquantième, au sujet duquel il est nécessaire d'entrer dans quelques détails. Outre son importance pratique dans la question spéciale de l'emphytéose, le *laudemium* est historiquement fort remarquable; c'est, en effet, l'origine des droits de *quint*, de *lods-et-ventes* de la période féodale, d'où sont sortis les impôts de mutation de l'époque actuelle.

Du caractère même du *laudemium*, qui est une sorte de rachat, opéré entre les mains du propriétaire, de l'obligation contractée par l'ancien emphytéote, laquelle aurait dû survivre à l'aliénation, il résulte qu'on ne pouvait l'exiger que si l'aliénation avait été effective. Dans le cas, en effet, où le propriétaire use de son droit de préemption, le versement du cinquantième n'a plus de raison d'être. Il est vrai qu'à la prendre à la lettre, la Constitution de Justinien semble autoriser le propriétaire, même dans ce cas, à percevoir le cinquantième; il doit, en effet, payer à l'emphytéote le prix que celui-ci aurait reçu d'un tiers; or, il eût reçu de ce tiers le prix convenu, moins un cinquantième; il semble donc que le propriétaire pourra opérer ce prélèvement sur le prix qu'il aura lui-même à payer. — Mais il y a là deux choses tout-à-fait distinctes qu'il faut se garder de confondre : le droit de préemption et le droit au cinquantième, qui sont absolument indépendants l'un de l'autre. Ce dernier droit, nous le répétons, n'est que le prix du consentement du propriétaire à l'aliénation, consentement dont il fixait autrefois le prix d'une manière arbitraire. Là où le propriétaire ne consent pas, il ne doit pas pouvoir se faire payer un consentement qui n'existe pas.

Ainsi, l'exercice du retrait et la perception du cinquantième ne seront jamais cumulés.

Pour qu'il y ait lieu à cette perception du cinquantième, il faut une aliénation effective ; cela comprend-il toute espèce d'aliénations, à titre onéreux ou gratuit, entre-vifs ou à cause de mort?

Pas de difficulté en ce qui touche l'aliénation à titre gratuit ; comme celle à titre onéreux, elle donne certainement lieu à la perception du *laudemium ;* et, rationnellement, il n'existait aucun motif de l'en affranchir. L'emphytéote, pour donner, comme pour vendre, a besoin du consentement du propriétaire ; dans les deux cas, il doit payer ce consentement ; car, que le propriétaire se trouve en face d'un donataire ou d'un acheteur, sa situation est absolument la même : il avait contracté avec l'ancien emphytéote qui se décharge de son obligation en mettant un tiers en son lieu et place. Peu importe, par conséquent, le parti que l'on prenne relativement au droit de retrait du propriétaire, en cas de donation ; ce sont là, encore une fois, deux choses tout-à-fait différentes, et entre lesquelles on ne saurait établir de corrélation. C'est, au surplus, ce qui résulte des termes mêmes de la Constitution : elle ne parle pas seulement de la perception du cinquantième du prix, mais du cinquantième du prix *ou* de l'*estimation.* Cette distinction faite par Justinien entre le prix et l'estimation ne veut pas dire, comme on pourrait le croire au premier abord, que, dans tous les cas, l'option appartient soit au propriétaire, soit à l'emphytéote, plutôt à ce dernier en sa qualité de débiteur. Elle se réfère précisément aux différents modes d'aliénation ; elle veut dire que partout où il y aura un prix offert, c'est ce prix qui servira de base : ainsi en matière de vente : partout, au contraire, où l'on ne pourra faire emploi de ce moyen, il faudra bien recourir à l'estimation : ainsi pour la donation, l'échange.

Quid de la transmission *mortis causa?* — Une distinction est nécessaire suivant qu'il s'agit de transmission testamentaire ou *ab intestat,* — ou de legs.

Pour ce qui est de l'héritier légitime ou *ab intestat,* il serait contraire aux principes de permettre au propriétaire d'exiger de lui le cinquantième de l'estimation : sans doute, il y a changement matériel dans la personne du débiteur, mais, d'abord, ce changement est indépendant de la volonté de l'emphytéote, et, de plus, la personnalité juridique de ce dernier n'en reste pas moins la même. En concédant le droit à l'origine, le propriétaire a traité non seulement avec l'emphytéote actuel, mais aussi avec ses héritiers naturels, continuateurs de sa personne et ne faisant qu'un avec lui. On peut même dire que les garanties pour le paiement du canon restent les mêmes, car le gage du propriétaire est le patrimoine du défunt qui passe intégralement au nouvel obligé. Enfin, à quel titre le propriétaire demanderait-il le cinquantième, puisqu'on n'a pas eu besoin de son consentement pour que la mutation s'opère ? Donc, dans ce cas, le changement dans la personne du débiteur ne donnera point droit à la perception du *laudemium.*

Il en est de même, pour les mêmes motifs, de l'héritier testamentaire : il est aussi le continuateur de la personne du défunt.

Quant au légataire du droit emphytéotique, la question est plus douteuse. Pour l'assimiler, à ce point de vue, à l'héritier, on peut argumenter avec une certaine force du silence de la Constitution en ce qui concerne l'aliénation à cause de mort; toutes les dispositions de la loi 3, à notre titre, se rapportent à des cas d'aliénation entre-vifs, et comme ce sont des dispositions exorbitantes du droit commun, on ne peut, par voie d'analogie, les étendre d'un cas à l'autre; il faut, au contraire, raisonner par *a contrario,* puisque l'argument a pour résultat de nous ramener aux règles du droit commun. — Néanmoins, nous pencherions pour la solution contraire. Le légataire, en général et au point de vue qui nous occupe, est dans une situation trop différente de celle de l'héritier et trop analogue à celle du donataire, pour ne pas lui appliquer la règle qui concerne ce dernier, et non celle relative à l'héritier. Il n'y a plus, ici, continuation de la personne du défunt; il y a, au contraire, substitution d'un nouveau débiteur à l'ancien; on ne peut pas dire, en effet, qu'en traitant avec l'emphytéote, le propriétaire a, par cela même, traité avec celui ou ceux qu'il laissera comme légataires. Sans doute, les textes n'expliquent pas comment on procédait, en pareil cas, pour mettre le propriétaire en demeure d'agréer le nouvel emphytéote; mais, nous le répétons, la solution de cette question est absolument sans influence sur celle qui nous occupe. Par conséquent, comme au cas de donation et à la différence de l'héritier, le légataire sera soumis à la perception du cinquantième.

Une troisième hypothèse peut se présenter : celle d'une aliénation entre-vifs faite par l'emphytéote à son héritier présomptif. Dans ce cas, que l'aliénation soit à titre gratuit ou à titre onéreux, il faut décider que le propriétaire a droit au cinquantième du prix ou de l'estimation. La circonstance que cet héritier ne serait point astreint au paiement si l'on attendait la mort de l'emphytéote pour effectuer la transmission, n'est pas un obstacle à ce que le *laudemium* soit exigé au moment de l'aliénation ; car le propriétaire peut avoir intérêt à conserver l'emphytéote comme débiteur jusqu'à sa mort, de préférence à son héritier ; le consentement du propriétaire doit donc être requis : il abandonne un droit, il est juste qu'il soit dédommagé et se fasse payer son consentement comme pour une aliénation à un tiers quelconque. Qui sait, du reste, si, au moment du décès de l'emphytéote, son héritier présomptif lors de l'acquisition du droit emphytéotique sera encore héritier? Il n'y a donc aucune raison pour refuser au propriétaire le droit de percevoir le cinquantième ; l'héritier n'acquérant pas par suite de sa vocation héréditaire, cela suffit pour qu'il soit assimilé à un acquéreur ordinaire.

Enfin, dernière hypothèse : l'emphytéote laisse plusieurs héritiers ab intestat et l'un d'eux se rend adjudicataire du droit emphytéotique pour le tout. Un point certain est que sur la part qu'il a recueillie *ab initio*, il n'aura rien à payer ; mais pour les parts de ses cohéritiers, il résulte des principes du droit romain, en cette matière, qu'il sera soumis au *laudemium*. Le partage, en effet, pour les Romains, n'est pas simplement déclaratif du droit de l'héritier, il est translatif ou attributif de propriété ; l'*adjudicatio*, dans l'espèce, constitue donc, de la part des cohéritiers, une véritable aliénation d'une partie du droit emphytéotique au profit de l'adjudicataire, et comme toute aliénation, elle doit donner lieu à la perception du cinquantième au profit du propriétaire.

En résumé, le *laudemium* est exigible toutes les fois qu'il y a transmission du droit emphytéotique et substitution d'un nouvel emphytéote à l'ancien ; que la transmission soit à titre onéreux ou à titre gratuit, qu'elle ait lieu entre-vifs ou à cause de mort, peu importe ; il n'y a qu'une seule exception, au cas de succession légitime ou ab intestat. Dans toutes les autres hypothèses, le propriétaire a droit au cinquantième du prix ou de l'estimation. Peu importe, suivant nous, la manière dont il a consenti à l'aliénation ; qu'il y ait consenti expressément ou tacitement, la situation nous semble la même. Justinien dit bien que quand il laisse écouler les deux mois sans répondre, on pourra se passer de son autorisation expresse ; mais nulle part, dans la Constitution, on ne peut voir une remise du droit dû par l'emphytéote aliénateur. Le maître perd, du fait de l'aliénation, un avantage sérieux ; il ne faut pas le frustrer de l'équivalent accordé par la loi, à moins d'y être autorisé par un texte précis.

— Il nous reste à examiner, pour finir, à qui, du vendeur ou de l'acheteur, le propriétaire doit s'adresser pour obtenir le versement du cinquantième. La solution de cette question dépend du caractère que l'on attribue au *laudemium*. Si l'on y voit une fixation d'honoraires dus au propriétaire pour le dédommager des frais qu'il a pu faire en mettant l'acquéreur en possession du fonds emphytéotique, on dira que c'est à cet acquéreur à payer, puisque c'est lui qui a retiré le profit. De même, si l'on considère le paiement comme une reconnaissance du droit du maître, un signe que l'acquéreur n'entend point posséder *pleno jure*; mais nous avons dit que le paiement annuel du canon remplit déjà ce résultat. — Il nous semble, quant à nous, plus rationnel et plus conforme à la vérité des faits d'envisager le laudemium, ainsi que nous l'avons fait, comme le prix du consentement donné par le maître à l'aliénation, comme l'équivalent de l'abandon qu'il fait de ses droits sur l'ancien emphytéote ; de telle sorte qu'en définitive, c'est l'aliénateur qui profite de la libération, c'est donc lui aussi qui doit s'exécuter pour le paiement. Seulement, il faut remarquer que le versement du cinquantième étant prescrit à peine de nullité de l'aliénation, la sanction de cette obligation étant la déchéance de l'emphytéote, l'acquéreur a le plus grand intérêt à s'assurer si l'aliénateur a rempli son obligation, et à payer lui-même, s'il a omis de le faire, sauf, bien entendu, à se faire rembourser le droit acquitté. Il pourra même s'engager, par convention générale, à payer lui-même le cinquantième, en déduisant de son prix une somme égale; mais ceci ne change rien au droit de poursuite du propriétaire : il est créancier à raison du consentement par lui accordé, il doit toujours pouvoir s'adresser à celui à qui ce consentement est accordé, c'est-à-dire à l'ancien emphytéote.

Déchéances légales et causes d'extinction du droit emphytéotique. — Nous avons déjà vu précédemment que l'emphytéote encourt la déchéance de son droit, ou commise, quand il reste trois années consécutives sans acquitter le canon aux mains du propriétaire ; nous avons en même temps constaté que c'était une différence entre l'emphytéose et soit le louage ordinaire, soit la location de l'*ager vectigalis*, dans lesquels il suffit que le preneur cesse de payer la *merces* ou le *vectigal* pendant deux années, pour être déchu de son droit.

Nous venons de voir une nouvelle cause de déchéance légale en étudiant le droit qui appartient à l'emphytéote d'aliéner le droit emphytéotique : celle qu'il encourt lorsqu'il ne remplit pas les formalités prescrites par la loi.

Ce sont les seules déchéances dont le Code fasse expressément mention, et on s'est demandé si c'était là une énumération limitative, ou si, au contraire, il n'était pas possible que l'emphytéote encourût d'autres déchéances que celles spécialement indiquées au titre *De jure emph.* Nous pensons, quant à nous, que l'intention du législateur n'a pas été de limiter la déchéance aux cas expressément prévus. Pour les autres, on rentre simplement dans le droit général des obligations. Sans doute, en droit romain, il n'y a pas, comme dans notre droit, de condition résolutoire tacite pour tout contrat synallagmatique, quand l'une des parties refuse d'exécuter ses engagements. Du moins, on peut raisonner par analogie, et appliquer à l'emphytéose les solutions données au sujet des contrats qui lui ressemblent le plus, le louage par exemple.

Le principal intérêt de la question est de savoir s'il peut y avoir déchéance pour *détérioration* ou *abus graves dans la jouissance* du fonds. La Novelle 120 de Justinien, chap. VIII, le dit expressément pour l'emphytéose des biens ecclésiastiques, et on s'accorde en général à ne voir dans cette disposition qu'une application des règles du droit commun, susceptible, par suite, d'être étendue même à l'emphytéose ordinaire. Il y a donc là une règle commune au bail simple et au bail emphytéotique. Quant au degré de gravité que doivent présenter les abus de l'emphytéote, c'est là une pure question de fait, pour laquelle on ne peut poser de règle précise. Le simple défaut de culture, l'abandon complet du fonds, étant donnés la nature même du contrat et son but, devraient suffire pour permettre l'exercice de l'action en déchéance. Dans tous les cas, pour apprécier la gravité de l'abus de jouissance, il faut nécessairement établir une compensation entre les améliorations et les dégradations qui sont le fait de l'emphytéote; on ne peut dire, en effet, qu'il y a détérioration, c'est-à-dire diminution de la valeur totale du fonds, que si les dégradations sont plus grandes que les améliorations; la différence, seule, représente le tort fait au propriétaire; c'est cette différence qu'on doit prendre en considération. (Arg. anal., L. 11, *in fine*, D., *De negotiis gestis*; III, 5.)

— La déchéance de l'emphytéote, pour l'un des cas que nous avons vus, a-t-elle lieu *de plein droit?* Un point certain est que le propriétaire, qui veut se prévaloir de la déchéance, devra nécessairement se servir des formes légales pour venir à bout de l'emphytéote récalcitrant; il ne pourra pas employer la force pour se mettre en possession. Décider le contraire, ce serait lui permettre de se faire justice à lui-même. Mais, à un autre point de vue, il faut décider que la déchéance a lieu de plein droit : du moment où le propriétaire veut employer cette action, il n'a qu'à prouver le fait, soit d'abus grave, soit de défaut de paiement... : le juge ne pourra, en pareil cas, se dispenser d'ordonner la remise du fonds entre ses mains; voilà en quel sens la déchéance a lieu de plein droit.

— L'emphytéose s'éteint aussi par application des règles qui régissent les contrats en général; la plupart des causes d'extinction du droit commun ne présentent rien de particulier, ainsi : l'échéance du terme; l'emphytéose est de sa nature perpétuelle, mais les parties pouvaient décider le contraire par une clause expresse; — la perte totale de la chose; — la confusion, ou réunion sur la tête de l'une des parties de la double qualité de propriétaire et d'emphytéote; — la résolution de la propriété du constituant; — la mort de l'emphytéote sans héritiers légitimes ou testamentaires.

La prescription de trente ans peut s'accomplir au profit du propriétaire, s'il jouit intégralement de son fonds pendant ce délai, comme s'il n'avait concédé aucun droit. Ou bien elle peut produire effet au profit d'un tiers, qui acquerra de cette manière la propriété aux dépens du précédent propriétaire et de l'emphytéote. Mais jamais la prescription ne pourra servir à l'emphytéote lui-même de moyen pour acquérir le fonds; quelque complète et quelque longue que soit sa possession, elle sera toujours viciée dès l'origine, comme le serait celle d'un simple fermier. Il ne pourra même pas se prévaloir de ce que le propriétaire a, pendant trente ou quarante ans, négligé de percevoir le canon, pour refuser de le payer après ce délai. Tout le profit qu'il pourra tirer de la prescription sera de le dispenser du paiement des termes du canon dus depuis plus de trente ans. (L. 7, § 6, C., *De præsc. XXX vel XL ann.*; VII, 39.)

Enfin, le contrat d'emphytéose peut être résolu par le

consentement mutuel des parties qui ont concouru à sa formation. Mais la simple volonté unilatérale de l'une ou de l'autre ne pourrait suffire. Ainsi, la renonciation de l'emphytéote ne le soustrairait nullement à l'obligation de payer le canon. On peut toujours, il est vrai, renoncer à un droit établi en sa faveur (L. 29, C., *De pactis ;* II, 3) et, dans certains cas même, se soustraire à ses obligations, comme le propriétaire du fonds dominant qui, au cas d'une servitude prédiale, abandonne le fonds. Mais, ici, la situation n'est pas la même : en matière de servitudes prédiales, le contractant s'acquitte de son obligation *patiendo* ou *non faciendo ;* en abandonnant le fonds, il ne contrevient pas à son engagement. L'emphytéote, outre ses obligations relatives au fonds (entretien, mode de jouissance, etc.), lesquelles, si elles étaient seules, pourraient s'éteindre de la même manière, a, de plus, une obligation purement personnelle, le paiement du canon, sur laquelle l'abandon du fonds ne peut exercer aucune influence. On peut toujours renoncer à un droit, à une servitude, par exemple ; mais si on l'a acquise moyennant une certaine somme ou une redevance annuelle, on ne peut se dispenser de payer le prix en renonçant à cette servitude. L'emphytéote ne peut donc mettre fin au contrat par sa seule volonté ; le *mutuus dissensus*, nécessaire d'après le droit commun, est également exigé pour l'emphytéose (Comp. L. 3, C., *De fundis patrim.*, XI, 61).

Emphytéose des biens ecclésiastiques. — Les Constitutions de Zénon et de Justinien, que nous venons d'étudier, se réfèrent exclusivement à l'emphytéose des biens des particuliers. En ce qui concerne les biens des églises et des autres établissements religieux ou charitables, qui avaient pris sous les Empereurs chrétiens une extension si considérable, l'emphytéose reçut une réglementation spéciale, dont le but était de permettre une surveillance plus étroite et d'empêcher la dilapidation du patrimoine des pauvres. C'est dans les Novelles VII et CXX qu'est contenue cette réglementation.

Ce qui distingue, en général, l'emphytéose ecclésiastique, c'est un surcroît de formalités et une restriction des droits de l'emphytéote. Le contrat devait toujours être rédigé par écrit, les parties devaient jurer qu'il ne causait aucun préjudice à l'Eglise, et sa validité était, en outre, subordonnée à la coopération de certains fonctionnaires, différents suivant l'établissement propriétaire.

— L'emphytéose n'était jamais de plein droit perpétuelle, et même la faculté de constituer expressément des emphytéoses à perpétuité n'existait que pour les biens situés hors de Constantinople. Les églises de la capitale ne pouvaient créer que des droits temporaires, réglés ordinairement de cette manière : le concessionnaire primitif conservait la jouissance pendant toute sa vie et la transmettait à sa mort à l'un de ses descendants ; après une seconde transmission pareille, le fonds faisait retour au propriétaire concédant.

Les règles de paiement du canon étaient les mêmes que dans le droit commun, sauf que la commise était encourue, et l'expulsion pouvait avoir lieu pour un retard de *deux* ans au lieu de trois. De plus, le texte de la Novelle a le soin de donner formellement au propriétaire le droit d'expulser et de réclamer en même temps les canons échus, ce qui, de droit commun, faisait quelque difficulté (*suprà*, p. 32). — Mentionnons aussi un droit de retrait spécial que les églises pouvaient exercer dans un délai de deux ans, quand le fonds grevé leur appartenait et que l'emphytéose venait à tomber dans le domaine de l'Etat, le patrimoine de l'Empereur, d'une ville ou d'une autre église.

Telles étaient les principales différences qui, d'après le droit des Novelles, séparaient l'emphytéose des biens des particuliers de celle des biens ecclésiastiques; à part ces différences, le droit de l'emphytéote avait exactement la même nature et les mêmes caractères dans les deux cas.

C'était, pour résumer d'un mot toutes nos explications sur l'emphytéose, un droit *sui generis*, réel, un démembrement de la propriété dont il comprenait les principaux attributs, qui fut imaginé dans un but spécial, à savoir l'amélioration du sol et la mise en valeur des terres incultes; voilà pourquoi le contrat d'emphytéose est entré dans le droit romain au moment où l'état de l'agriculture inspira à l'administration impériale les inquiétudes les plus sérieuses : il s'agissait d'arrêter la décadence de l'agriculture et la désertion des campagnes, qui mettaient en péril le recouvrement de l'impôt et menaçaient les finances de l'Etat d'une ruine prochaine. Pour cela, il fallait faire aux cultivateurs d'aussi grandes étendues de terre en friche une situation plus avantageuse que celle résultant du contrat de louage : ce but fut atteint par le contrat d'emphytéose.

DU DROIT DE SUPERFICIE

Dig., *De superficiebus* (XLIII, 18).

La situation la plus voisine de celle de l'emphytéote, en droit romain, était certainement la situation du Superficiaire. Sauf la nature du fonds sur lequel il portait, tous les deux avaient un droit analogue et même à peu près identique, et l'on peut dire que la Superficie a été pour les terrains bâtis ou à bâtir ce que l'emphytéose a été pour les fonds de terre et les propriétés rurales (1).

Le superficiaire nous apparaît donc, de même que l'emphytéote, comme investi, à perpétuité ou pour très-longtemps, d'un droit réel qui n'est pas la propriété, mais s'en rapproche sensiblement, portant sur des bâtiments ou constructions élevés sur le sol d'autrui, et ce, en général, moyennant une redevance annuelle dite *solarium* ou *pensio*.

Pas plus que le droit sur l'*ager vectigalis*, source première de l'emphytéose, le droit de superficie n'a été reconnu comme droit réel par le *jus civile;* c'eût été contraire au principe qui voulait que le propriétaire d'un fonds fût propriétaire du dessus comme du dessous, et s'opposait, par conséquent, à l'espèce de dédouble-

(1) Il résulte de la loi 15, § 26, D., *De damno infecto* (XXXIX, 2), que le droit vectigalien pouvait porter sur des édifices : ce texte parle expressément d'*œdes vectigales*, qui peuvent faire l'objet d'un décret d'envoi en possession de la part du préteur.

ment de la propriété qu'opérait la superficie : *superficies solo cedit,* telle était la règle du droit civil. Tout ce que pouvait faire le propriétaire qui, ne voulant pas du contrat de louage ordinaire, ou ne trouvant pas de locataire, désirait cependant ne pas aliéner définitivement son droit de propriété, c'était de recourir au bail à long terme. Le preneur avait ainsi une situation préférable à celle d'un simple locataire, sa jouissance était assurée pour de longues années; cependant, il n'avait encore qu'un droit personnel, un droit de créance contre le propriétaire ou bailleur, et était exposé aux mêmes dangers que le détenteur de l'*ager vectigalis,* dans le principe, et que le locataire : c'est-à-dire qu'il n'avait ni action réelle, emportant droit de suite et de préférence, contre les tiers-acquéreurs de la construction, ni même les interdits possessoires contre les troubles apportés à sa jouissance, car il n'avait que la *nuda detentio ;* il devait nécessairement s'adresser au propriétaire pour qu'il lui cédât ses actions ou fît cesser les troubles. — Quant aux obligations réciproques des deux parties, elles étaient régies par les règles de la vente ou du louage, suivant que le prix était payable en une seule fois, auquel cas on appliquait les règles de la vente, ou à des époques périodiques, on appliquait alors les règles du louage : question importante, au point de vue des risques surtout.

Mais, comme pour l'*ager vectigalis,* le préteur intervint et reconnut au superficiaire une quasi-possession de son droit, qui fut protégée par des interdits quasi-possessoires, et un véritable droit réel sur la construction, lui donnant une action réelle utile, avec droit de suite et droit de préférence (L. 1, §§ 3 et 4,

D., *De superf.*), qui lui permettait d'agir comme s'il était propriétaire des bâtiments sur lesquels portait son droit.

Ce droit réel, suivant les principes, et comme celui du preneur vectigalien et de l'emphytéote, n'existait au profit du superficiaire que lorsque le propriétaire lui avait fait tradition du fonds en exécution du contrat (L. 1, § 7, D., *De superf.*). Jusque-là, il y avait bien des rapports d'obligations entre les parties, qui étaient réciproquement créancières et débitrices l'une de l'autre; mais la tradition, seule, donnait naissance au droit réel de superficie.

— Les modes de constitution de la superficie étaient les mêmes que pour l'emphytéose; le plus important était aussi le contrat. Notons seulement qu'ici nous ne trouvons pas de contrat spécial, doté d'un nom particulier et de règles propres, comme le contrat d'emphytéose. Le contrat qui intervenait entre les parties pouvait être un louage ou une vente. C'était un louage lorsqu'elles convenaient qu'en échange du droit il serait payé tous les ans une redevance au bailleur; pour qu'il n'y eût pas louage pur et simple, il devait être expressément déclaré qu'il y avait constitution du droit de superficie. Il en était de même lorsqu'un propriétaire louait un terrain non bâti à un preneur qui s'engageait à y bâtir, et devait avoir, moyennant une redevance annuelle, le droit de superficie sur les édifices élevés par lui. Dans ce dernier cas, la loi 1, § 3, *De superf.*, exige, pour que le preneur ait l'action réelle, que le droit soit constitué *ad non modicum tempus*. Il pouvait donc se faire qu'il fût établi *ad modicum tempus;* l'emphytéose, au contraire, ne pouvait l'être qu'à perpétuité ou pour un long temps.

C'était une vente qui intervenait entre les parties, lorsque, soit que les édifices fussent déjà existants, soit qu'ils dussent être élevés par le superficiaire sur le sol du propriétaire, le droit était établi moyennant un prix payé une fois pour toutes, au lieu d'une redevance périodique. Dans ce cas, les textes n'exigent pas, pour faire naître l'action réelle au profit de l'acquéreur, que le droit doive durer pendant longtemps; quel que soit le temps qui soit fixé pour sa durée, l'action *in rem* est donnée au superficiaire. C'est une nouvelle différence avec l'emphytéose, qui comportait toujours et nécessairement une redevance annuelle.

Cette distinction se trouve consacrée dans les §§ 1 et 5 de la loi 1, *De superf.* Le § 1 décide que celui qui a acquis la superficie peut agir au moyen d'une action civile, et le texte ajoute : « si *conduxit, ex conducto,* si *emit, ex empto* cum domino soli agere potest. » Le § 5 accorde également l'action *ex empto* au superficiaire.

— La superficie procurait au superficiaire, sur les édifices, à peu près les mêmes droits que possédait l'emphytéote sur le fonds emphytéotique. Il jouissait d'un droit réel prétorien, qu'il pouvait lui-même aliéner, et qui était transmissible à ses héritiers. Il pouvait d'abord en consentir une aliénation totale, et, en pareil cas, aucun texte ne l'oblige à requérir, à peine de déchéance, le consentement du propriétaire. Cette restriction apportée au droit d'aliéner de l'emphytéote est une exception au droit commun introduite par Justinien et qui s'explique par la nature particulière du droit emphytéotique, lequel porte non seulement sur les édifices, mais sur le fonds lui-même; on ne saurait donc l'étendre à l'aliénation du droit de superficie. — Il pouvait aussi en consentir une aliénation partielle, c'est-à-dire le grever de droits réels, servitudes, usufruit, hypothèque, qui valaient au moins *jure prætorio* et tant que durait le droit de superficie (Ulp., L. 1, Pr., D., *Quibus modis ususfr. amitt.;* VII, 4; L. 16, § 2; L. 17, D., *De pigner. act.;* XIII, 7).

Pour protéger sa possession, le préteur créa un interdit spécial, l'interdit *de superficiebus,* qui lui était accordé aux mêmes conditions que l'interdit *uti possidetis,* c'est-à-dire lorsqu'il ne possédait *nec vi, nec clam, nec precario ab adversario.* S'il venait à perdre la possession, il pouvait également agir pour la recouvrer contre toute personne, même contre le propriétaire du sol, et, en outre, il avait contre celui-ci des actions personnelles, résultant du contrat, l'action *ex conducto,* s'il avait acquis la superficie par l'effet d'un louage, l'action *ex empto,* s'il l'avait acquise par suite d'une vente.

— Le plus souvent, le superficiaire était tenu, en échange du droit étendu qui lui était ainsi conféré, d'une redevance annuelle vis-à-vis du propriétaire. Cependant, nous avons dit que la superficie, à la différence de l'emphytéose, pouvait être constituée moyennant un prix payé une fois pour toutes ; dans ce cas, les risques étaient à sa charge, il était traité comme un acheteur. Au cas contraire, ils étaient à la charge du propriétaire qu'on assimilait à un bailleur, le *solarium* remplaçant pour lui la *merces;* le superficiaire avait donc droit, s'il se trouvait par l'effet d'un cas forfuit ou d'une force majeure dans l'impossibilité de jouir des édifices, à une diminution proportionnelle de la redevance, comme au cas de louage.

De même, il suffisait que le superficiaire restât *deux* ans sans payer la redevance, pour encourir la déchéance. Ce sont autant de différences qui séparent la superficie de l'emphytéose ; car on ne saurait, en l'absence d'un texte, étendre de l'une à l'autre des règles qui dérogent au droit commun, pas plus celles qui seraient avantageuses au superficiaire que celles qui profiteraient au propriétaire. — Quant aux autres causes d'extinction du droit de superficie, ce sont les mêmes que pour l'emphytéose et tous les droits réels en général, nous n'y revenons pas.

— En résumé, le droit de superficie ne doit pas, malgré les affinités qu'il présente avec le droit d'emphytéose, être confondu avec ce dernier. Tandis que l'emphytéose porte sur un fonds tout entier, la superficie ne porte que sur des édifices considérés comme distincts du sol sur lequel ils reposent. L'une peut s'acquérir pour un prix unique, l'autre est toujours constituée moyennant une redevance annuelle. Le superficiaire peut transmettre son droit sans être assujetti à toutes les formalités qui gênent la transmission du droit emphytéotique, et sans que le propriétaire puisse exercer la préemption dont il est investi à l'encontre de l'emphytéote. Enfin, s'il cesse de payer, le superficiaire peut être expulsé au bout de deux ans, tandis que l'emphytéote doit être resté trois ans sans payer pour qu'il soit déchu de son droit.

Telles sont les principales différences qui séparent ces deux droits l'un de l'autre; mais leur trait caractéristique n'en est pas moins le même : ils constituent tous deux des droits réels qui, par leur étendue, se rapprochent du droit de propriété, et sont tous deux établis, sauf quelquefois la superficie, sous l'obligation de payer une certaine somme ou redevance annuelle.

POSSESSION DES FONDS PROVINCIAUX

Un troisième tenancier était soumis, quant à la jouissance du fonds qu'il détenait, à l'acquittement d'une redevance périodique : c'était le possesseur d'un fonds provincial.

Ce n'est pas un des phénomènes les moins curieux de la législation romaine que la division qu'on y rencontre, jusqu'à Justinien lui-même, de la propriété en propriété du sol italique et propriété du sol provincial. Ce qui caractérisait cette dernière, c'est qu'elle appartenait exclusivement et ne pouvait appartenir qu'au peuple romain : lui seul avait le *dominium* de tout le sol des provinces ; seulement il en concédait aux habitants la plupart des avantages utiles, ne retenant pour lui qu'une sorte de propriété d'honneur, un domaine éminent, et le droit de percevoir une redevance annuelle, l'impôt foncier, appelé *vectigal* ou *census*. Qu'il fût possédé par un citoyen romain ou par un pérégrin, le fonds provincial était toujours assujetti au *vectigal*, qui était le signe caractéristique de la condition provinciale, à ce point que des pays soumis à la domination romaine et sujets à l'impôt foncier ont porté le nom de provinces avant d'en recevoir l'organisation administrative.

Outre la perception du *vectigal*, l'Etat, ayant conservé le domaine supérieur, avait une sorte de droit de retrait vis-à-vis des possesseurs de fonds provinciaux; il pouvait révoquer, à son gré, la concession qu'il leur avait faite, à eux ou à leurs auteurs, et frapper ainsi les concessionnaires de confiscation légale. En fait, les Empereurs ne se firent pas faute d'user de ce procédé, sans accorder d'indemnité aux possesseurs dépouillés (L. 15, § 2, D., *De reiv.*, VI, 1).

Mais l'attribut essentiel du domaine éminent de l'Etat était la perception de l'impôt foncier. qu'il importe de ne confondre ni avec le *vectigal*, auquel était également soumis le preneur vectigalien, ni avec le canon emphytéotique, ou le *solarium* dû par le superficiaire : l'impôt foncier, qui frappait les fonds provinciaux, d'une part, les trois autres redevances périodiques, d'autre part, n'avaient pas du tout le même caractère. Sans doute, ils avaient tous ceci de commun qu'ils constituaient également une source de revenus soit pour l'Etat, soit pour les cités, ou les propriétaires ; mais tandis que les trois dernières redevances avaient toutes, plus ou moins, un caractère rémunérateur pour celui à qui elles étaient dues. c'est-à-dire qu'elles représentaient, dans une mesure plus ou moins large, les fruits perçus, et constituaient le prix de la jouissance concédée par le propriétaire, — l'impôt foncier, au contraire, n'était que le signe de la propriété retenue par le peuple romain, la reconnaissance de la suprématie romaine et du domaine éminent de l'Etat, « un tribut offert à la victoire arrogante, à la domination orgueilleuse. » On peut en tirer cette conclusion immédiate, qu'à la différence du preneur vectigalien et du superficiaire, sinon de l'emphytéote, qui pouvaient obtenir une remise proportionnelle du *vectigal* ou du *solarium*, en cas de diminution dans leur jouissance, le possesseur d'un fonds provincial, au contraire, devait toujours et quand même acquitter intégralement l'impôt foncier.

Au reste, dans cette redevance des fonds provinciaux, le principe seul était uniforme ; la nature des prestations, leur mode de perception et leur destination étaient divers ; leur quotité était variable, car les terres étaient divisées en trois catégories d'après leur qualité. Dans les unes, le *vectigal* consistait en sommes fixes payées directement à l'Etat ; leurs possesseurs sont nommés par les textes *populi stipendiarii*. D'autres, les *agri decumani*, payaient le vectigal en fruits, suivant la nature du sol et le mode préféré de culture, ordinairement le dixième, et cette redevance dont l'Etat confiait le recouvrement aux Publicains, qui exigeaient parfois plus qu'il n'était dû, leur était louée à Rome par les Censeurs. Enfin, un certain nombre de cités, paraît-il, jouissaient d'une faveur particulière : elles payaient la dîme, mais l'adjudication s'en faisait sur place, pour que l'enchère fût plus facile aux habitants.

A l'origine, le produit de l'impôt foncier était versé en entier au trésor public ou *ærarium*; il en fut ainsi tant que l'administration des pays conquis ou *provinces* fut la même pour toutes. Mais sous l'Empire, c'est-à-dire dès Auguste, les provinces furent divisées en deux catégories : les provinces du peuple ou du Sénat, celles dont l'administration appartenait au peuple romain représenté par le Sénat, — et les provinces de César, celles dont l'Empereur, pour des raisons politiques, retenait l'administration pour lui-même; dans ces dernières figuraient surtout les pays récemment conquis ou limitrophes des frontières de l'Empire, c'est-à-dire ceux qui inspiraient le moins de confiance, qu'on n'avait pas eu le temps de connaître, et qui, à un moment donné, pouvaient occasionner de sérieuses inquiétudes à l'Etat. Une des conséquences importantes de cette division des provinces en deux classes fut celle relative à la destination des deniers provenant de l'impôt foncier. Les premiers Empereurs et, sans doute, Auguste lui-même, avaient, en effet, séparé leur trésor particulier, *fiscus*, du trésor public, *ærarium*; de sorte que le *vectigal* des provinces impériales tomba dans le fisc, celui des provinces sénatoriales dans l'*ærarium*. Le premier prit le nom de *tributum*, le second, celui de *stipendium*; de là encore le nom de provinces ou fonds tributaires, — et provinces ou fonds stipendiaires.

Il faut dire pourtant que toutes les provinces n'étaient pas soumises à l'impôt foncier : elles pouvaient, en effet, obtenir le *jus italicum*, qui avait pour résultat de les assimiler au sol italique au double point de vue de l'impôt foncier et des modes d'acquisition.

— Quant aux droits des possesseurs de fonds provinciaux, ils constituaient, sous la réserve du domaine éminent de l'Etat et sous la condition du paiement de l'impôt foncier, une véritable propriété privée, mais non quiritaire, que des textes qualifient de *proprietas*. Les renseignements précis manquent sur la nature de cette propriété, qui, nous allons le dire, a disparu sous Justinien, pour se confondre avec la propriété ordinaire;

mais on peut, sans grande chance d'erreur, l'assimiler à la propriété prétorienne ou *in bonis*. Comme cette dernière, elle procurait à celui qui en était investi tous les avantages utiles du droit de propriété et lui donnait des garanties analogues.

Le possesseur avait certainement un droit réel, transmissible à ses héritiers, qui lui donnait une action réelle utile du préteur, analogue à la revendication. Sa possession était aussi protégée vraisemblablement par les interdits possessoires; toutefois, c'était une différence avec l'*in bonis*, elle ne pouvait le conduire à l'usucapion, qui était un mode d'acquérir du droit civil, réservé, par conséquent, aux choses susceptibles de propriété civile; mais s'il avait reçu le fonds d'un possesseur sans droits, avec juste cause et bonne foi, il pouvait arriver à la *præscriptio longi temporis* de dix à vingt ans; en attendant, il avait la Publicienne contre les tiers (L. 12, § 2, D., *De public. in rem act.*; VI, 2).

Le sol provincial était dans le commerce, mais il était *res nec mancipi* et ne pouvait s'acquérir que par les modes du droit des gens, c'est-à-dire par tradition. C'est ce que nous dit formellement Gaius dans ses Institutes (Comm. II, §§ 18-21). — De même, il ne comportait pas les démembrements de la propriété quiritaire, mais seulement les servitudes établies à l'aide de pactes suivis de stipulations, et surtout par quasi-tradition. Gaius est encore formel sur ce point : après avoir indiqué que les servitudes, soit prédiales, soit personnelles, comme l'usufruit, peuvent être constituées, soit par *mancipatio*, soit par *in jure cessio*, il ajoute : à la condition qu'il s'agisse de fonds italiques :

« Sed hæc scilicet in *Italicis* prædiis ita sunt, quia et ipsa prædia mancipationem et in jure cessionem recipiunt. » En ce qui concerne les fonds provinciaux, il en est autrement : « Alioquin in *provincialibus* prædiis, sive quis usumfructum, sive jus eundi, agendi..... cæteraque similia jura constituere velit, *pactionibus et stipulationibus id efficere potest :* quia ne ipsa quidem prædia mancipationem aut in jure cessionem recipiunt. » (Gaius, *Loc. cit.*, §§ 29 et s.)

A d'autres points de vue encore, la propriété provinciale n'était point protégée comme la propriété italienne : la femme en tutelle perpétuelle pouvait l'aliéner sans l'*auctoritas* de son tuteur, et la loi *Julia*, défendant au mari d'aliéner le fonds dotal sans le consentement de sa femme, paraissait étrangère, — tout au moins la question était douteuse, — aux fonds provinciaux. (Gaius, Com. II, § 63; Inst. Just., *Pr.*, *Quibus alien. licet ;* II, 8.)

Telle était, dans ses grandes lignes, la propriété provinciale ; elle différait donc de la propriété quiritaire, d'abord en ce qu'elle était soumise à l'impôt foncier, en outre en ce qu'elle n'était munie que des garanties prétoriennes, comme l'*in bonis*, et en ce que la chose sur laquelle elle portait était *res nec mancipi*. De ces différences, la première disparut avec Dioclétien, qui ne supprima point l'impôt foncier des fonds provinciaux, mais l'étendit au contraire aux fonds italiques, à tout l'Empire. Quant aux autres différences, elles furent également supprimées par Justinien ; quand le siége de l'Empire fut transféré à Constantinople, la distinction du sol italique et du sol provincial, déjà effacée dans le droit public, n'eut plus de sens dans le droit privé ; Justinien l'abolit avec la distinction des *res mancipi* et *nec mancipi*, du *nudum jus Quiritium* et de l'*in bonis*, de l'usucapion et de la *præscriptio longi temporis*, et tout le vieil édifice de la propriété quiritaire. Il n'y a plus désormais qu'une seule espèce de propriété, et, pour la transférer, la tradition, qui était l'exception, est devenue la règle et le mode général : Inst. Just., § 40, *De divisione rer.* (II, 1). Comp. LL. *un.*, C., *De nudo jure Quir. toll.* (VII, 25), et *un.*, *De usuc. transf.* (VII, 31).

LA RENTE FONCIÈRE

DANS

L'ANCIEN DROIT FRANÇAIS (1)

Le contrat d'emphytéose, tel que nous l'avons étudié sous sa forme définitive, ne passa pas immédiatement dans notre pays ; envahie de bonne heure par les Barbares, et séparée violemment du monde romain lorsque Justinien promulgua ses compilations, la Gaule en resta forcément aux formes juridiques en usage au moment de l'invasion, à l'emphytéose théodosienne, c'est-à-dire appliquée aux biens de l'Etat, des églises et des cités.

Quelques siècles plus tard, quand la féodalité se fût définitivement établie, quand les premiers affranchissements commencèrent à créer une classe intermédiaire de travailleurs libres, on se trouva dans une situation assez analogue à celle de l'Empire romain au moment de sa chute. La terre se trouvait concentrée par grandes masses entre les mains des seigneurs, qui durent chercher, dans l'intérêt de leur puissance, des moyens

(1) Sources : Cout. de Paris, art. 99-104, 109, 110, 119-122 ; Cout. d'Orléans, art. 269-271, 406-422 ; etc. — Loyseau, *Tr. du déguerpissement et délaissement par hypothèque* ; Pothier, *Tr. du contr. de bail à rente* ; Loisel, *Institutes coutumières*, liv. 4, tit. 1er.

de la peupler et d'en augmenter la production. Il semble donc que les mêmes causes aient dû produire les mêmes effets. Aussi les concessions variées furent-elles nombreuses à cette époque ; cependant, l'emphytéose ne joua dans cette œuvre de rénovation du sol qu'un rôle secondaire, bien moins important qu'à l'époque du Bas-Empire. C'est que le monde féodal avait à choisir entre des modes de tenures plus nombreuses que du temps des Romains ; le principe de subordination de l'homme à la terre, les relations entre les personnes, sanctionnées par la foi et l'hommage, avaient donné naissance à une foule de contrats autrefois inconnus, tendant à peu près au même but que l'emphytéose, assez difficiles parfois à distinguer avec elle, et plus fréquemment employés.

En outre, comme, par sa nature, elle répondait admirablement aux besoins de l'organisation féodale, et s'harmonisait à merveille avec la double hiérarchie des personnes et des terres qui formait la base de ce système politique, l'emphytéose fut englobée dans les idées féodales. Les glossateurs considérèrent et firent admettre en pratique qu'elle entraînait une décomposition de la propriété foncière en deux propriétés distinctes : le *domaine utile,* qui passait à l'emphytéote, et le *domaine direct,* qui restait sur la tête du propriétaire. Ce fut, du moins, la doctrine enseignée par Domat et d'Argentré. Au contraire, Cujas et Doneau repoussaient cette distinction des deux domaines, inconnue selon eux à Rome, et ne voulaient rien admettre en dehors du système de Zénon, complété par Justinien. Enfin, d'autres auteurs, Dumoulin et Loyseau (*Tr. du déguerp.,* liv. 1er, ch. 5, n° 1) faisaient la même distinction que les premiers, mais n'accordaient le domaine utile qu'à l'emphytéote perpétuel, reléguant au rang de locataire ordinaire l'emphytéote temporaire.

La même décomposition de la propriété, « ce *cizaillement* de la dominité » en deux domaines, reposant sur deux têtes différentes, existait, du reste, dans la plupart des contrats du droit féodal ; c'est là un des caractères originaux de la propriété foncière pendant cette période. Elle existait, notamment, dans un contrat qui présentait beaucoup d'analogie et avait de nombreuses ressemblances avec le bail emphytéotique : le *Bail à cens*.

Le bail à cens, ou accensement, était un contrat qui emportait concession de la propriété utile d'un immeuble au profit d'un vassal, à la charge par ce vassal de servir une redevance périodique annuelle, appelée *cens*, avec réserve, au profit du concédant, de la propriété éminente ou honorifique, et d'une supériorité seigneuriale sur l'immeuble aliéné.

A part son caractère féodal, le bail à cens offrait avec l'emphytéose les rapports les plus intimes et les plus frappants. Dans l'une comme dans l'autre de ces deux concessions, on trouve la réserve du *dominium* faite par le concédant. Si l'emphytéote avait une obligation double, savoir le paiement du canon et le paiement de l'impôt, l'obligation du preneur censitaire était également complexe ; on y distinguait, en effet, deux éléments : le *chef-cens*, ou cens proprement dit, établi comme signe récognitif de la seigneurie, imprescriptible comme tout droit féodal, — et le *sur-cens*, prestation ordinaire, purement foncière et sujette à prescription. —

Il y avait une *saisie censuelle*, de même qu'il y avait une commise emphytéotique. — Nous avons étudié dans l'emphytéose un droit de retrait ou de préemption et un droit de mutation établis en faveur du propriétaire ; il y avait dans la censive le droit de mutation appelé *lods-et-ventes*, et un droit de préférence dit *retrait censier*, lequel, pour n'être pas de droit commun comme l'était le retrait féodal, n'en était pas moins généralement admis.

Le bail à cens était donc, à peu de chose près, calqué sur l'emphytéose, qui finit même par se confondre si complétement avec lui que, dans la pratique, l'une et l'autre expression furent indifféremment employées (1). Plus tard seulement, les efforts des jurisconsultes tendirent à faire cesser cette synonymie, et, dans la plupart des coutumes, on appliqua le mot « bail à cens » aux concessions d'*héritages nobles*, réservant le mot « emphytéose » pour les biens *roturiers*. C'est ce que fait ressortir Boutaric, dans un passage cité par Merlin (Quest. de droit, v° *Moulin*, p. 434) : « La différence qui existe entre le bail à cens et l'emphytéose consiste principalement en ce qu'on ne peut bailler à cens qu'un fonds que l'on possède noble, au lieu que, pour bailler un fonds à titre d'emphytéose, il suffit de le posséder en franc alleu et indépendamment de toute seigneurie directe, quoique d'ailleurs direct et sujet au paiement des tailles, la roture n'ayant rien d'incompatible avec l'allodialité et l'indépendance (2). »

(1) Voy. Merlin, Quest. de dr., *Rente fonc.*, *Rente seign.*, § 14, n° 2, et les anciens auteurs qu'il cite : Salvaing, Fonmaur, Argou (*Institut. au dr. fr.*); Despeisse (*Tr. des dr. seign.*) n'y voyait que deux variétés d'un même contrat, dont il traite sous la rubrique : *Du contrat censuel ou emphytéotique*.

(2) En ce sens, M. Troplong, *Tr. du louage*, I, p. 172.

A la suite, et l'on pourrait dire à l'ombre du bail à cens, prit naissance et se développa une forme nouvelle de la propriété : le *bail à rente simple* ou *à rente foncière*. Ce nouveau contrat, dont nous avons donné, au début, la notion générale (p. 7), n'est autre chose que *le bail à cens dépouillé de son caractère féodal.*

Qu'on suppose, par un effort de l'esprit, une censive dépourvue de toute relation seigneuriale, où la redevance ne serait plus le signe de la réserve de seigneurie, mais seulement le prix de la jouissance, où le chef-cens aurait disparu et où il ne resterait plus que le sur-cens; où la rente ne serait plus portable et deviendrait quérable, sans droit de lods-et-ventes, ni retrait censier, ni saisie censuelle : on se trouvera en présence du bail à rente simple.

Voici comment Pothier définit le bail à rente : « Un » contrat par lequel l'une des parties *baille et cède* à » l'autre un héritage ou quelque droit immobilier, et » s'oblige de le lui faire avoir à titre de propriétaire, » sous la *réserve* qu'elle fait d'un *droit de rente an-* » *nuelle* d'une certaine somme d'argent ou d'une cer- » taine quantité de fruits, qu'elle *retient* sur ledit héri- » tage, et que l'autre partie s'oblige réciproquement » envers elle à lui payer tant qu'elle possédera ledit » héritage. » L'une est le bailleur, l'autre le preneur (*Bail à rente*, n° 1).

Ainsi donc, ce que le contrat de bail à rente, par une exception remarquable, offre tout d'abord de particulier, c'est qu'il est resté pur de tout caractère féodal et n'a point donné de prééminence à un fonds sur un autre. Et cependant nul mode d'exploitation du sol n'a été plus répandu, surtout dans le Midi de la France, où presque toutes les terres étaient tenues à cette condition ; le bail à rente s'est substitué peu à peu au bail à cens et a fini par le supplanter.

On s'explique cette transformation. Dès l'origine, une grande obscurité plane sur la nature de la souveraineté que retenait le seigneur censier. La censive étant une tenure d'ordre inférieur, le droit seigneurial était loin d'offrir chez elle ce caractère imposant et sévère, ces liens étroits, ces devoirs impérieux de respect et de fidélité qui forment le fond de la souveraineté du fieffeux. Le censitaire ne prêtait pas hommage comme le vassal ; sa position était trop humble, il ne devait que *l'aveu de la censive*. Et lorsque, aux XIIe et XIIIe siècles, le mouvement d'émancipation des villes et des campagnes se traduisit par une transformation de tenures serviles en censives, il est permis de croire que des concessions censitaires nées de pareils événements n'enfantèrent que des rapports seigneuriaux bien relâchés, et ne durent mettre qu'une autorité bien faible et bien restreinte aux mains du seigneur censier.

Il est donc probable que le droit retenu par le seigneur censier, qu'on a qualifié de *domaine direct*, que d'Argentré comparait au brouillard planant sur le marais, dont Hervé faisait une relation réelle et nullement personnelle, tout porte à penser que ce droit a dû perdre peu à peu son cachet, son caractère purement féodal, a dû dégénérer insensiblement, s'altérer, s'amoindrir, et, dans des cas peu fréquents d'abord, plus nombreux ensuite, faire place à un droit nouveau et plus simple, au droit purement réel et immobilier que retient et réserve le bailleur à rente simple. On comprend que, placés en face d'un sol à repeupler, en face de grands travaux de desséchement et de défrichement à faire, les seigneurs durent se dessaisir de plus en plus de leurs droits, pour élargir et assurer chaque jour davantage les droits des preneurs. Il fallut offrir à ceux-ci une possession plus stable pour les intéresser plus vivement à la culture ; en un mot, les propriétaires d'héritages nobles durent finir par abandonner de leur propriété l'honorable aussi bien que l'utile, dans les concessions de leurs fonds. On peut ainsi expliquer la grande extension du bail à rente simple dans notre ancien droit.

Enfin, par lui-même, le bail à rente était un contrat éminemment utile : il arrivait à répandre sur un plus grand nombre d'hommes les bienfaits de la propriété, en en facilitant l'accès à tous ceux qui n'avaient pas l'espoir d'y arriver autrement, soit qu'ils n'eussent pas le moyen d'en payer le prix, soit que le propriétaire, grevé de substitution ou désireux de conserver son bien, ne pût ou ne voulût aliéner, soit enfin que des terres incultes n'eussent pas assez de valeur pour être vendues avec avantage. Il permettait, dans ces conditions, d'acquérir la propriété moyennant une simple redevance, et, tout en donnant la sécurité au preneur, il assurait au bailleur qui « mettait ainsi sa terre *en gagnage* » un revenu annuel à lui-même et à ses successeurs, et lui épargnait les ennuis, les charges de la possession, le souci des renouvellements et les soins de la culture. A un point de vue plus élevé, le bail à rente a rendu possibles des travaux de longue haleine et des défrichements qui ont enrichi leurs auteurs et accru, du même coup, la prospérité publique.

Nous avons essayé d'établir l'affinité qui, suivant nous, unit le bail à rente et l'emphytéose, auxquels le bail à cens a servi, pour ainsi dire, de trait d'union; nous devons signaler maintenant les différences essentielles qui séparaient encore le contrat français et le contrat romain.

La première de ces différences est relative à la nature même du droit du concessionnaire : d'après l'opinion la plus large, l'emphytéote, fût-il perpétuel, n'avait, nous l'avons dit, que le domaine utile du fonds concédé; il n'était donc point propriétaire à la manière du preneur d'un fonds arrenté. — L'obligation de l'emphytéote de payer le canon était personnelle et tous ses biens répondaient de son exécution, tandis que la rente était due par le fonds lui-même; nous reviendrons sur ce point; d'où la faculté pour le preneur de se libérer en cessant de posséder le fonds, en déguerpissant.

La commise emphytéotique atteignait l'emphytéote qui restait trois ans sans payer le canon; le paiement de la rente était assuré par d'autres moyens.

Enfin, l'aliénation du fonds emphytéotique était subordonnée à la dénonciation qui en devait être faite au propriétaire, ainsi qu'à des droits de préférence et de mutation établis à son profit; rien de pareil n'était de l'essence du bail à rente.

Il importait donc de distinguer les deux contrats. Il faut dire cependant que, dans la pratique, ces différences, soigneusement maintenues à l'origine, tendirent de plus en plus à disparaître; l'ancienne jurisprudence, inspirée par les décisions canoniques, s'imposait la tâche d'adoucir la position de l'emphytéote. Dumoulin est formel sur ce point. Ainsi, il enseigne qu'on n'appliquait pas avec rigueur les règles qui mettaient obstacle à la libre aliénation du fonds emphytéotique (1). Quant à la commise, on autorisait le juge à accorder, après la citation, un délai de grâce pour le paiement des canons arriérés, et l'on décidait encore que le pacte commissoire, dans l'emphytéose, comme dans la vente et le bail à rente, ne recevrait aucune exécution sans l'intervention de justice (2). Enfin, on alla jusqu'à admettre que l'emphytéote pourrait se libérer du canon par le déguerpissement (Troplong, *Louage*, n° 46). — En revanche, nous verrons que par des clauses usuelles, on tendait généralement à restreindre les droits du preneur à rente, pour mieux assurer les droits du bailleur. De telle sorte que les deux contrats, emphytéose et bail à rente, marchèrent, en fait, non pas vers une entière confusion, mais vers un rapprochement de jour en jour plus sensible.

— Avant d'entrer dans l'examen détaillé des règles et des effets de notre contrat, observons encore que le mot Bail à rente n'était qu'une dénomination générale, qui était loin d'être universellement employée. Des contrats en tous points semblables au bail à rente s'appelaient, en Provence, *Bail à locatairie perpétuelle* (3); dans la coutume de La Rochelle, *Bail à*

(1) Sur Paris, § 20, gl. 5, n° 7.

(2) Loyseau, *Offices*, liv. 1er, ch. 13, n° 4.

(3) Dans le Languedoc, au contraire, le Bail à locatairie perpétuelle, ne transférant pas la propriété au preneur, n'était pas soumis aux règles du Bail à rente.

complant (1); en Alsace, *Bail à rente colongère; Bail à cens,* dans les pays où il n'était pas seigneurial, où c'était un contrat purement foncier, sans mélange de féodalité (2); *Bail à champart,* quand la rente consistait en une part des fruits du fonds concédé *(campi pars)*, etc., etc. (3). — Le terme de *Rente foncière,* lui-même, s'est longtemps appliqué indistinctement aux rentes simples et aux rentes seigneuriales; ce n'est qu'avec le temps qu'on a fini par les distinguer les unes des autres, et que ce nom a été réservé pour désigner les premières; il en était ainsi du temps de Pothier et dans le dernier état de notre ancien droit.

NATURE DU BAIL A RENTE ET CARACTÈRES DE LA RENTE FONCIÈRE

De la définition que donne Pothier du contrat de bail à rente (*suprà,* p. 77), il résulte qu'il constitue, à proprement parler, une vente, une aliénation faite contre réserve d'une redevance que le preneur s'engage à payer tant qu'il possédera l'héritage arrenté; en

(1) Usité dans la Saintonge, le Poitou, Maine, Anjou, Bretagne.

(2) Surtout dans les provinces du nord et de l'est de la France, et aussi en Bretagne. Voy. un arr. de Cass. du 10 janv. 1842.

(3) V. pour les variétés infinies du Bail à rente, et pour le Bail à rente lui-même, le savant et récent ouvrage de M. Garsonnet, sur l'*Histoire des locations perpétuelles et des baux à longue durée,* et aussi celui de son concurrent (Concours de 1872, *Académie des sc. mor. et pol.*), M. Lefort, sur le même sujet.

outre, ce droit à la redevance, c'est-à-dire la rente, est un véritable *droit réel retenu sur l'héritage*, assis sur le fonds lui-même, à l'instar d'une servitude; d'où son nom de *census reservativi*, par opposition à une autre espèce de rente, la rente *constituée* dite *census constitutivi* (*infrà*, § I). Loyseau définit la rente foncière : « *une redevance principale d'un héritage imposée en l'aliénation d'icelui, pour être payée et supportée par le détenteur.* » (*Du Déguerp.*, liv. 1er, chap. 3, n° 8.)

Il y a donc translation de propriété, aliénation, non pas totale, mais partielle, du fonds baillé à rente. Par là, le bail à rente se rattache à cette transmission particulière de la propriété qui, en dehors de tout principe féodal, consistait dans la décomposition du droit de propriété et avait reçu le nom générique de *Bail;* il appartient spécialement à la classe des baux, ou plutôt c'est le type général des baux qui transféraient la pleine propriété, sauf un droit réel retenu au profit du bailleur. A côté de ces baux étaient, d'une part, ceux qui ne transféraient qu'un droit réel de jouissance au preneur (1); d'autre part, ceux qui lui transféraient le domaine utile, laissant le domaine direct au propriétaire (2). Le bail à rente, lui, était de ceux qui transféraient la propriété même au preneur.

Le bail à rente tenait à la fois de la vente et du

(1) Tels étaient : le Bail à locatairie perpétuelle du Languedoc, le Bail héréditaire d'Alsace, le Bail à complant dans certaines coutumes, et le Bail à domaine congéable ou à convenant de Bretagne.

(2) (Bail à cens seigneurial et ses variétés), Emphytéose et Bail à longues années ou à vie. — Cette division tripartite des *Baux* de notre ancien droit est empruntée à M. Garsonnet, *op. cit.*

louage. Il ne se formait pas d'abord, comme ces deux contrats, sans le concours de trois éléments essentiels, savoir : un *objet*, un héritage baillé à rente; — un *prix*, une rente que le bailleur retenait et que le preneur s'obligeait à payer; — le *consentement* des parties sur l'héritage et sur la rente. Comme ces deux contrats, le bail à rente était du droit des gens, synallagmatique, commutatif et de bonne foi (1).

Mais il différait aussi profondément de l'un et de l'autre. Il différait de la vente : en ce que le bailleur ne transférait pas, comme le vendeur, le droit entier qu'il avait dans la chose, puisqu'il se réservait le droit de rente, lequel constituait une sorte de co-propriété sur le fonds baillé à rente; en ce que le prix, dans la vente, devait essentiellement consister en argent, tandis que le bailleur à rente pouvait stipuler une prestation en nature; enfin, en ce que le prix, dans la vente, était dû par l'acheteur personnellement, tandis que la rente était due par le fonds, le preneur ne la devait qu'en tant que possesseur du fonds : elle s'éteignait donc avec l'héritage, tandis que, dans la vente, la perte totale était pour l'acheteur. — Il différait du louage : en ce que le locateur n'altérait pas, ne diminuait pas son droit de propriété comme le bailleur à rente; en ce que la perte partielle de la chose ou la diminution des revenus produits par elle ne pouvaient, en principe, dans le bail à rente, donner lieu à une diminution du prix, et plus généralement, en ce que les obligations du bailleur et du preneur à rente n'étaient pas les mêmes que les obligations du locateur et du locataire.

(1) Pothier, Bail à rente, n° 2.

Enfin, le contrat de bail à rente différait encore de la vente et du louage en ce qu'il n'était pas consensuel, mais *réel* : il ne devenait parfait que par la tradition. Il eût été, en effet, impossible de retenir un droit sur une chose dont on ne s'était pas encore dessaisi (Pothier, *Loc. cit.*, nº 5).

— Le bail à rente, avons-nous dit, suppose le concours de trois éléments essentiels.

1º Quant au consentement des parties, rien de spécial sur ce premier élément ; la rente foncière peut être réservée, c'est-à-dire créée dans une convention ordinaire, un échange, un partage, une licitation ou une donation ; il suffit qu'elle forme *directement* le prix de l'aliénation.

2º En ce qui concerne l'objet du contrat, toute espèce d'immeubles corporels ou incorporels peut être l'objet d'un bail à rente : « Les choses qui peuvent être baillées à rente, dit Pothier, sont les *héritages*, c'est-à-dire les fonds de terre et les maisons. On peut aussi bailler à rente des *droits incorporels*, tels que des droits de champart, des dîmes, des droits de fief, des censives, justices, droits de pêche, de péage et autres droits domaniaux, tels que les greffes ; les priviléges des *perruquiers* peuvent aussi être baillés à rente. » (*Loc. cit.*, nº 6.)

Lorsque le titulaire d'une censive sous-accensait, cet accensement était un véritable bail à rente ; il ne valait pas, en effet, comme bail à cens, en vertu de la règle *cens sur cens ne vaut ;* sa redevance était, par suite, prescriptible.

Quid de l'immeuble d'autrui ? Il ne pouvait faire l'objet d'un bail à rente, car le bailleur ne pouvait pas *aliéner* la chose d'autrui. Comment aurait-il retenu quelque chose là où il n'avait rien? C'était donc une nouvelle différence avec la vente (Poth., *Loc. cit.*, n° 9).

Les *meubles* ne pouvaient non plus faire l'objet d'un bail à rente : « La raison, dit Pothier (n° 7), est qu'il est de *l'essence* du bail à rente que le bailleur se réserve et retienne, dans la chose qu'il donne à rente, un droit de rente qui soit un droit réel, c'est-à-dire un droit dans la chose, dont elle demeure chargée, en quelques mains que la propriété de la chose passe ; or, il n'y a que les immeubles qui soient susceptibles de ces charges réelles : notre jurisprudence ne permet pas que les meubles en soient susceptibles. De là cette maxime du droit français que *les meubles n'ont pas de suite par hypothèque :* ce qui a été établi pour ne pas troubler le commerce des meubles. »

3° Le troisième élément constitutif du contrat de bail à rente n'est autre que la rente elle-même, qui est le *prix* du bail à rente ; et c'est la nature de cette rente qu'il importe de bien préciser et de ne pas perdre de vue.

La rente que stipule le bailleur, dans le bail à rente, est, à vrai dire, une portion du droit de propriété qu'il aliène ; il y a création *per deductionem* de la rente ; c'est un droit réel réservé, retenu sur l'immeuble au moment de son aliénation, participant, dès lors, de son caractère immobilier ; c'est un droit réel assis sur le fonds lui-même, faisant partie du fonds, à l'instar d'une servitude. Il en résulte que le débiteur de la rente, c'est l'héritage arrenté; la rente est une dette du fonds qui en reste chargé, en quelques mains qu'il passe : à perpétuité, si le bail est perpétuel ; pendant le délai fixé, s'il est temporaire, car le bail à rente n'est pas nécessairement perpétuel, il peut être temporaire et emporte, dans ce cas, au profit du preneur, aliénation d'un droit réel analogue à celui de l'usufruitier.

— Rien, du reste, nous le répétons, dans la nature de la rente foncière, qui se rapporte au régime féodal, et le bail à rente peut tout aussi bien avoir lieu entre roturiers qu'entre possesseurs de fiefs. Cependant, par suite de l'habitude générale que l'on avait de tout inféoder, il arrivait souvent, dans l'ancien droit, qu'il était difficile de distinguer quelle avait pu être l'intention des parties, si elles avaient voulu faire un bail à cens ou un bail à rente foncière : dans l'incertitude, on se décidait pour le bail à rente, comme moins dur pour le débiteur. D'après Merlin (Quest., *Rente fonc.*, *Rente seign.*, t. V, p. 346), la solution de la question dépend à la fois de la qualité du bailleur du fonds et de la manière dont la concession a été faite.

Si le bailleur du fonds n'est pas seigneur, c'est-à-dire ne possède pas le fonds noblement, la rente réservée ne peut être que foncière, quel que soit le nom dont l'aient qualifiée les parties. Si le bailleur du fonds est seigneur, il faut distinguer suivant que la rente est ou non récognitive de la directe seigneuriale. Si elle ne l'est pas, on ne peut la considérer que comme une prestation purement foncière ; mais si la rente est réservée en reconnaissance de la directe seigneuriale, elle constitue un cens, et tel doit être son caractère, alors même que les parties l'auraient appelée rente foncière. Reste à savoir à quels signes on peut distinguer si une rente a été créée en reconnaissance de la seigneurie directe : si le bailleur n'a point fait de retenue expresse, ce n'est qu'une rente foncière; s'il y a eu retenue expresse, ce ne peut être autre chose qu'un cens.

En résumé, la réserve de la directe, tel était le caractère du cens, mais ce n'était point toujours un critérium suffisant pour que la distinction pût être sûrement établie. En effet, à côté du cens proprement dit, ou chef-cens, il est très-fréquent de voir imposer (*suprà*, p. 75), sous des noms divers, une redevance particulière qui donne au contrat une apparence mixte. Ainsi, outre le cens, on trouve souvent les expressions de *sur-cens, menu-cens, gros-cens, croix de cens,* appliquées à la redevance conventionnelle. Cette seconde partie de la redevance est-elle assimilable au cens lui-même, prestation seigneuriale, ou bien doit-elle en être séparée pour rentrer dans la classe des simples rentes foncières? — Dumoulin distingue (1) : ou bien cette seconde partie est *in augmentum primæ,* et alors n'en change pas le caractère; ou bien elle constitue *onus separatum per se,* et par conséquent une rente foncière. On peut citer les exemples suivants : l'accensement fait pour dix sous de cens et sur-cens a le même caractère que celui qui serait fait de dix sous de cens simplement; au contraire, si l'accensement est d'un sou de cens et dix de sur-cens, le sur-cens pourra être considéré comme une rente foncière. De même, dans ces autres hypothèses : dix livres de cens et rente, la distinction est impossible, cette confusion emporte identité dans la redevance et communique à la rente la prérogative du cens; au contraire, si l'acte porte dix sous de cens et dix livres de rente, la distinction est facile et la séparation se fait naturellement (2).

(1) Sur Paris, art. 51, nos 15, 17.
(2) Merlin, *Répert.*, vo *Cens*, p. 133; vo *Rente seign.*, p. 445.

On voit donc quelle variété infinie pouvait exister dans les tenures féodales, sous des dénominations identiques; tout dépendait des termes du contrat et de l'intention des parties, de sorte qu'on pouvait aller de la concession presque gratuite, caractère du cens véritable, jusqu'à une vente dans laquelle l'une des parties stipulait en retour un avantage à peu près égal à la valeur des fruits de la chose livrée, comme dans le bail à rente proprement dit (1).

— Quoi qu'il en soit, et en nous supposant en présence d'une rente foncière simple, le principal attribut et le caractère essentiel de cette rente est de constituer un droit réel retenu sur l'héritage arrenté, d'être attachée à cet héritage dont elle forme une obligation. De là découlent les caractères de la rente foncière :

1° La rente foncière est un *droit réel immobilier*, un *immeuble*, comme le fonds sur lequel elle porte;

2° Elle est *due par le fonds*, c'est une dette de l'héritage, une charge *réelle*, et non une dette personnelle;

3° Elle est de sa nature *irremboursable* ou *irrachetable* : c'est une portion de son héritage dont le bailleur ne s'est pas dépouillé et qu'on ne peut le contraindre à aliéner;

4° Elle est *indivisible*, comme l'hypothèque, et si le fonds arrenté tombe aux mains de plusieurs coacquéreurs ou cohéritiers, chacun est débiteur solidaire de la rente.

C'est autour de ces quatre points que nous allons grouper toutes nos explications.

(1) Argou, *Institut. au dr. fr.*, t. II, p. 259.

I. — LA RENTE FONCIÈRE EST IMMEUBLE.

Ce caractère de la rente foncière, dans notre ancien droit, résulte de la force même des choses ; c'est un droit réel, un démembrement de son droit de propriété que retient le bailleur sur l'héritage baillé à rente : ce droit réel retenu, démembré, participe nécessairement de la nature du droit aliéné, c'est-à-dire du fonds ; c'est une sorte de copropriété réservée par le bailleur sur l'immeuble aliéné. Par conséquent, il faut appliquer à la rente foncière toutes les règles applicables aux immeubles en général, et, notamment, la déclarer *susceptible d'hypothèque* (Loisel, *Inst. coutum.*, § 506).

Ce premier caractère de la rente foncière constitue un trait de ressemblance avec une autre espèce de rente que connaissait également notre ancien droit et sur laquelle nous reviendrons plusieurs fois : la *rente constituée*.

Pothier définit le contrat qui lui donnait naissance, la *constitution de rente :* « Un contrat par lequel une des parties *vend* à l'autre *une rente* annuelle et perpétuelle, dont il se constitue le débiteur *pour un prix* licite convenu entre eux, qui doit consister *en une somme d'argent* qu'il reçoit de lui, sous la faculté de pouvoir *toujours racheter la rente* lorsqu'il lui plaira, pour le prix qu'il a reçu pour sa constitution, et sans qu'il puisse y être contraint. » — C'est donc une vente, dans laquelle la chose vendue est la rente qui est essentiellement rachetable de la part et au gré du vendeur, et le prix de vente, le capital versé aux mains du débirentier, lequel est aussi le prix du rachat.

On voit déjà que la rente constituée *(census constitutivi)* est tout autre chose que la rente foncière. Les deux rentes diffèrent d'abord quant à leur origine : l'une, la rente constituée, n'a été qu'un expédient qui fut mis en usage pour éluder la prohibition du prêt à intérêt, prononcée à la suite des théories des théologiens formulées par les actes des Papes et par les ordonnances royales ; la rente foncière, à l'inverse, nous apparaît simplement comme une combinaison ingénieuse et remarquable de la propriété immobilière. — En outre, et c'est là la distance profonde qui les sépare, au lieu d'être un droit réel véritable, irremboursable de sa nature, comme la rente foncière, la rente constituée était un simple droit de créance, un droit personnel essentiellement rachetable.

Il y avait donc un abîme entre les deux rentes, foncière et constituée ; néanmoins, et c'est le point de similitude que nous voulions signaler, toutes les deux étaient considérées comme immeubles ; en dépit de la maxime *actio quæ tendit ad mobile est mobilis,* bien que la rente constituée ne tendît qu'à procurer une somme d'argent, des arrérages au crédi-rentier, elle fut déclarée immeuble par la plupart des coutumes, celles de Paris et d'Orléans entre autres. Nous n'avons pas à donner les divers motifs qui le firent admettre ; le principal est l'importance que durent acquérir les rentes constituées et la grande place qu'elles tinrent dans les fortunes (1).

(1) Les cout. de Paris et d'Orléans, qui faisaient à cet égard

La rente foncière est donc *immeuble,* et à ce point de vue, dans la généralité des coutumes, la rente constituée s'en rapproche.

II. — LA RENTE FONCIÈRE EST UNE DETTE DU FONDS ARRENTÉ.

C'est ce qui ressort de la définition que donne Pothier du bail à rente : le bailleur se réserve un droit de rente annuelle « qu'il *retient sur l'héritage,* et que l'autre partie s'oblige à lui payer *tant qu'elle possédera ledit héritage* » (*suprà,* p. 77). Et ailleurs (n° 7), il ajoute « qu'il est *de l'essence* du bail à rente que le bailleur se réserve et retienne dans la chose qu'il donne à rente, un droit de rente qui soit un droit réel, c'est-à-dire *un droit dans la chose, dont elle demeure chargée, en quelques mains que la propriété de la chose passe.* »

Ainsi, le débiteur de la rente est, avant tout, l'héritage arrenté; la rente est une servitude que doit l'héritage. Cette conception originale de rendre ainsi un fonds débiteur d'une somme d'argent, d'une rente annuelle, abstraction faite du possesseur, n'existait pas dans le droit romain, où les servitudes prédiales consistaient toujours *in patiendo* ou *in non faciendo,* et

le droit commun, se fondaient sur cette raison : « que la rente constituée n'avait pas pour objet une somme d'argent, le prix d'achat n'étant pas exigible, mais bien des arrérages exigibles chacun an à perpétuité, jusqu'au rachat, *arrérages qui ressemblaient au revenu annuel et perpétuel que produisent les héritages* pour ceux qui en sont propriétaires. (Pothier, *Rente const.,* n° 112.)

jamais *in faciendo* ou *in præstando*. Ici, au contraire, le fonds arrenté est soumis à l'obligation de la rente. Et si le preneur se trouve, tant qu'il possède l'héritage, tenu au paiement de cette dette, ce n'est qu'accessoirement et parce que, dit Loyseau, « la chose, qui est inanimée, ne peut payer sa dette sans le ministère de quelqu'un. » (*Déguerp.*, liv. 1er, ch. 3, n° 11.)

Le preneur à rente n'est donc tenu que *propter rem*, à raison de la possession de l'héritage baillé à rente; il ne doit personnellement que les arrérages échus pendant sa jouissance; quant aux arrérages *in futurum*, ils constituent une sorte de dette réelle, une charge due par le fonds lui-même. De là deux conséquences générales, savoir : que le bailleur à rente, le crédi-rentier, a différents droits et actions qui lui garantissent le paiement de la rente; — et que le preneur à rente, le débi-rentier, peut s'exonérer du paiement de la rente par le déguerpissement.

§ 1. — DROITS ET ACTIONS QUI COMPÈTENT AU BAILLEUR A RENTE.

I. — On peut ramener à trois les actions qui naissent du bail à rente au profit du bailleur : l'action *personnelle*, l'action *hypothécaire* et l'action *mixte* (1).

1° Il a une **action personnelle** dérivant du contrat lui-même et lui garantissant le paiement des arrérages échus pendant la jouissance du preneur ou de ses ayants cause. Cette action lui est donnée : — *a)* Contre le preneur originaire, en vertu de l'obligation par lui

(1) Loyseau, liv. II, ch. 1er, n° 2; — Pothier, nos 81-102 : — Loisel, §§ 518 et 519.

contractée ; et si le contrat a été fait par acte notarié, à cette action est attachée, suivant le droit commun, une hypothèque générale au profit du bailleur.

b) Contre les héritiers du preneur : quant aux arrérages dus au moment où s'ouvre la succession, *tous* les héritiers en sont débiteurs personnellement pour leur part héréditaire ; — quant aux arrérages à échoir, ceux-là seuls des héritiers qui succèdent au fonds arrenté en sont tenus, en leur qualité de possesseurs de ce fonds, et non plus comme continuateurs de la personne du défunt. Dans aucun des deux cas, il ne peut être question, pour cette première action, d'une hypothèque générale résultant d'un acte notarié, car il est de principe, dans notre ancien droit, que toute exécution cesse par la mort de l'obligé.

c) Contre les tiers-détenteurs qui, au moment où ils sont entrés en jouissance, ont connu la rente ; on considère qu'il se forme entre le bailleur et le tiers-détenteur un quasi-contrat résultant de ce fait que ce dernier n'a pas ignoré l'existence de la rente au moment de son acquisition, quasi-contrat qui l'oblige à payer les arrérages échus pendant sa jouissance.

d) Enfin, contre les héritiers de ces tiers-détenteurs, dans la même mesure et les mêmes conditions que contre ceux du preneur originaire.

Le bailleur n'a d'hypothèque générale ni contre les tiers-détenteurs, ni contre leurs héritiers, puisqu'il ne peut se prévaloir contre eux d'un acte notarié.

2° **Action hypothécaire.** — C'est l'héritage, nous l'avons dit souvent, qui est proprement débiteur de la rente ; c'est lui qui est principalement affecté au paiement de tous les arrérages qui peuvent être dus. Le possesseur de l'héritage n'en est personnellement tenu que pendant la durée de sa possession. Il en résulte que si des arrérages n'ont pas été payés par les précédents possesseurs, bien que ces derniers en soient toujours personnellement tenus, le fonds lui-même n'en continue pas moins à en être débiteur et à répondre du droit de rente qui a été réservé sur lui : le créancier de la rente peut donc agir directement contre lui, par une action immobilière que Loyseau et Pothier appellent *hypothécaire*, et qui porte uniquement sur le fonds baillé à rente.

Cette action est utile au bailleur pour obtenir paiement des arrérages échus avant l'entrée en jouissance du possesseur actuel, et, à ce premier point de vue, elle lui est donnée exactement contre les mêmes personnes que l'action personnelle. Mais elle peut aussi lui être nécessaire pour obtenir des arrérages présentement courants : lorsqu'il se trouve en face d'un possesseur de bonne foi, qui a ignoré l'existence de la rente lors de son acquisition. Dans ce cas, le bailleur, dépourvu d'une action personnelle contre lui, pourra cependant réclamer tous les arrérages échus avant et pendant la jouissance du possesseur, à l'aide de l'action hypothécaire.

Il ne faut pas, d'ailleurs, confondre cette action hypothécaire privilégiée avec celle qui résulte de l'hypothèque : elle ressemble à cette dernière en ce que le tiers-détenteur du fonds arrenté est obligé de *payer* ou de *délaisser;* mais elle a ceci de plus que le tiers-détenteur du fonds arrenté *ne* peut, comme le détenteur de l'immeuble hypothéqué, renvoyer le créancier de la rente *discuter* les précédents possesseurs, les débiteurs principaux; puisque c'est l'immeuble qui est le premier débiteur principal. Tout ce que peut faire le tiers-détenteur, c'est de requérir du créancier la subrogation; s'il l'a omis, il aura l'action de gestion d'affaires contre les précédents possesseurs dont il aura payé la dette.

3° **Action mixte.** — C'est une action par laquelle le bailleur demande à tout autre possesseur que le preneur originaire ou qu'un tiers-détenteur de bonne foi de *lui passer titre nouvel de la rente et de lui en payer les arrérages à l'avenir*. Loyseau l'appelle *mixte*, parce qu'elle est à la fois personnelle et réelle : personnelle, puisqu'elle tend à ce que le possesseur s'engage personnellement envers le bailleur; réelle, puisque le bailleur demande la reconnaissance d'un *jus in re*, du droit réel de rente.

Elle procure au créancier cet avantage que, le titre nouvel étant passé devant notaire, il obtiendra ainsi une hypothèque générale contre son débiteur, ou ses débiteurs, s'il s'agit de plusieurs héritiers, et un titre exécutoire. Aussi Pothier nous dit-il qu'en fait on intentait toujours cette action mixte en même temps que les deux autres; le créancier était alors aussi bien assuré que possible du paiement de la rente.

Autres droits du bailleur à rente. — Il a d'abord un *privilège*, comme celui du locateur sur les meubles garnissant la maison louée ou la ferme. Ce privilège lui donne un droit de préférence d'abord, et un droit de suite qui doit être exercé dans les huit jours de l'aliénation, s'il s'agit d'une maison, et dans les quarante jours, s'il s'agit d'une ferme. — Mais, à la différence du locateur, le bailleur à rente ne peut exercer son privilège, au cas de location de l'immeuble arrenté, sur les meubles du locataire ou fermier, ni sur les fruits perçus par ce dernier ; il a seulement le droit d'arrêter les fermes et loyers sur lesquels il sera préféré aux autres créanciers de son débiteur. La raison de cette différence, nous dit Pothier, est « que celui qui prend un héritage à loyer ou à ferme est plus à portée de savoir que celui de qui il le prend n'en est lui-même que locataire, qu'il n'est à portée de savoir que l'héritage est chargé de rente. » Cette personne, qui n'a guère pu ignorer que les fruits perçus par elle et les meubles lui appartenant devaient tomber sous les droits d'un locateur, n'a pas dû prévoir que derrière son locateur se trouvait un bailleur à rente. (Poth., n° 103, et *Louage*, n° 233.)

Les coutumes de Paris et d'Orléans donnent encore au bailleur à rente qui n'a pas de titre exécutoire, la première, un droit de *gagerie*, c'est-à-dire la faculté de faire donner un gardien aux meubles, sans pouvoir les déplacer ni procéder à la vente ; la seconde, un droit d'*exécution*, le droit de faire saisir les meubles et de les vendre pour obtenir paiement des *trois* derniers termes d'arrérages.

Enfin, les bailleurs à rente de biens ruraux ont le droit spécial de stipuler la contrainte par corps et de priver ainsi leur débiteur du bénéfice de la cession de biens.

Tels étant les droits du bailleur à rente, demandons-nous maintenant quelles sont ses obligations.

II. — Obligations du bailleur a rente. — Les unes résultent de *la nature* même du contrat ; les autres, de clauses formelles insérées au contrat.

Les premières sont absolument semblables à celles du vendeur; ainsi, le bailleur est obligé envers le preneur *præstare ei fundum habere licere*, c'est-à-dire de le mettre et maintenir en la possession paisible et utile du fonds; ce qui comprend la *délivrance*, et la *garantie*, soit des évictions, soit des charges réelles et cachées non déclarées dans le bail, soit des défauts non apparents de la chose (Poth., nº 32).

En outre, le bailleur, qui a retenu un droit réel dans l'immeuble, est tenu de contribuer à certaines charges extraordinaires. Loyseau distingue entre les impositions qui tournent en pure charge et perte, et celles qui tournent au profit et à l'augmentation de l'héritage : il le fait contribuer aux premières seulement. Il y contribue pour la valeur de son droit réel de rente, et le preneur, pour la valeur de l'héritage, défalcation faite de la rente (Poth., nº 107).

— Le bailleur peut être tenu d'obligations spéciales, résultant d'une clause expresse : ainsi, l'obligation de laisser effectuer le *rachat* de la rente par le preneur. De droit commun, la rente foncière est irrachetable; mais ce n'est pas là une règle d'ordre public, qui soit de l'essence du bail à rente; les parties peuvent y déroger et convenir expressément que la rente sera rachetable. Nous renvoyons l'examen de cette clause à notre § III.

Une seconde clause possible est la clause de *foi entière retenue* (Poth., nº 79). Cette clause suppose un bailleur qui, tout en baillant son héritage à rente, a gardé la charge de la foi et des devoirs seigneuriaux vis-à-vis du seigneur de qui relève l'héritage; c'est ce qu'on appelle le *jeu de fief*, que l'on employait pour qu'il n'y eût pas changement de vassal vis-à-vis du seigneur. Le preneur acquiert donc la propriété libre de l'héritage, en ce sens qu'il ne doit ni foi, ni hommage. Mais nous ne sommes plus en présence d'un bail à rente simple; dans ce cas, en effet, le bailleur conserve et retient autre chose qu'un droit réel de rente, il conserve le domaine éminent, la seigneurie de l'héritage. Il s'agit donc d'un véritable bail à cens et d'une rente *seigneuriale*, partant imprescriptible (*supra*, p. 75 et s.).

Nous avons ainsi étudié la première conséquence qui découle du principe que la rente foncière est une dette du fonds baillé à rente : nous avons vu, à ce sujet, les divers droits qui appartiennent au *bailleur*, notamment l'action hypothécaire privilégiée qui frappe l'héritage lui-même, et en même temps les obligations qui incombent au bailleur à rente.

Nous passons à la seconde conséquence du même principe, savoir la faculté dont jouit, cette fois, le *preneur* de se soustraire au paiement de la rente en recourant au *déguerpissement*.

§ 2. — DE LA FACULTÉ QU'A LE PRENEUR A RENTE D'EFFECTUER LE DÉGUERPISSEMENT

Avant d'examiner ce droit spécial, qui appartient au preneur, voyons rapidement quels sont ses autres droits en général, et ses obligations.

I. — Droits du preneur a rente. — Le preneur à rente, dans le bail à rente foncière, devient *propriétaire* du fonds baillé à rente; il acquiert, sur le fonds, le droit de propriété, sauf le droit réel de rente retenu au profit du bailleur, qui continue à grever le fonds comme une servitude. Investi du droit de propriété, le preneur en a la presque totalité des attributs; il en a, d'abord, tous les avantages utiles : l'*usus*, le *fructus*, c'est-à-dire tous les droits de l'usufruitier; il a, de plus, une portion notable de l'*abusus* : il peut aliéner le fonds, à titre gratuit ou à titre onéreux, et en user de toutes manières, à condition que le service de la rente soit toujours assuré, à condition, pour ainsi dire, que le fonds, véritable débiteur de la dette, ne devienne pas insolvable au détriment du bailleur. A ce point de vue, le droit du preneur s'écarte sensiblement de celui de l'usufruitier. Il s'en rapproche, au contraire, lorsque le bail à rente est fait pour un temps limité; le preneur, dans ce cas, a un *jus in re* viager analogue au droit d'usufruit.

II. — Ses obligations. — Comme celles du bailleur, nous les diviserons en deux catégories : obligations de droit commun, et obligations spéciales résultant de clauses formelles du contrat.

A. — *Obligations de droit commun.* — 1° Si le bail n'a pas été fait à perpétuité, le preneur, au terme fixé, doit rendre l'héritage en bon état de réparations, à peine de dommages-intérêts (Poth., n° 45).

2° Il contribue aux charges et impositions extraordinaires qui grèvent le fonds, et paie seul les impositions ordinaires.

3° Il doit conserver et entretenir l'héritage en bon état, pour la sûreté du service de la rente; il n'est, en effet, propriétaire que sous la réserve du droit réel qu'a retenu le bailleur dans le fonds. Il ne peut donc dégrader la chose, qui est affectée de ce droit réel, et répond du paiement de la rente; comme l'usufruitier, il est aussi tenu des réparations d'entretien; il doit faire, en outre, même les grosses réparations et celles occasionnées par vétusté : bien plus, s'il veut déguerpir, il est tenu des « restaurations » et doit réédifier l'héritage tombé par vétusté. Mais tant que le bail subsiste, il n'est tenu que des seuls « entretenements » (Loys., liv. V, ch. 8, n° 9) (1). Le preneur à rente a donc une condition à la fois meilleure et pire que celle de l'usufruitier.

4° Sa principale obligation consiste à *payer les arrérages de la rente* qui viennent à échéance pendant le temps *de sa possession*. La rente foncière engendre une dette d'une nature mixte ou complexe, ou plutôt elle comprend deux dettes : une dette réelle, le paiement des arrérages *in futurum*, et une dette personnelle, le paiement des arrérages venant à échéance pendant la jouissance du possesseur de l'héritage arrenté.

a) Sont tenus personnellement des arrérages échus pendant leur jouissance, sur tous leurs biens, et sans pouvoir se soustraire à cette dette par le déguerpissement : d'abord, le preneur originaire, en vertu de l'obligation par lui contractée; — le tiers-acquéreur qui a connu l'existence de la rente au moment de son acquisition; il s'est soumis aux obligations inséparables de sa situation; il y a eu quasi-contrat de sa part, vis-à-vis du bailleur à rente : par suite, il est dans la même position que son auteur, le preneur à rente;

(1) V. *infrà*, p. 112. — Loyseau compare sur ce point, avec autant d'esprit que de justesse, le preneur à rente au mari qui a joui des bonnes et jeunes années de sa femme et qui doit en supporter la vieillesse; il faut voir le style de Loyseau.

— enfin, les héritiers du preneur ou de ce tiers-acquéreur ; ils doivent, d'abord, en leur seule qualité d'héritiers, les arrérages échus avant la mort de leur auteur et pendant sa jouissance, proportionnellement à leur part et portion héréditaire ; quant aux arrérages échus après la mort du *de cujus*, en sont seulement tenus les héritiers dans le lot desquels est mis tout ou partie du fonds arrenté ; c'est la distinction que nous avons déjà faite pour l'action personnelle du bailleur à rente (*suprà*, p. 93). En outre, chacun des héritiers détenteurs est tenu de la rente pour le tout, sans qu'il puisse opposer au bailleur le bénéfice de *division* ; il peut seulement lui demander la subrogation, qui lui donnera un recours divisé contre ses cohéritiers, proportionnellement à la valeur de la portion du fonds qui leur est échue. C'est une conséquence de l'indivisibilité de la rente foncière (V. *infrà*, § **IV**).

b) Quelle est *la quotité* des arrérages qui sont dus par ces différentes personnes? La réponse est simple : celle qui a été stipulée par le bailleur à rente ; le bail à rente est, à vrai dire, une vente dans laquelle le prix est précisément la rente foncière ; or, tout vendeur peut vendre son fonds le prix qu'il lui plaît, vingt fois sa valeur si l'acheteur y consent. Ici, il n'y a point *d'usure* à craindre ; pour la rente constituée, au contraire, il en est autrement; il y a un *taux* que les arrérages ne peuvent excéder, et qui, dans le dernier état de l'ancien droit, a été le *denier vingt* (1) ; point de taux en ce qui concerne la rente foncière.

(1) Cependant, si la rente était constituée à titre gratuit *(rente par dons et legs)*, elle n'était pas soumise au taux légal ; l'usure n'était pas à craindre *(infrà*, § V).

Sur les arrérages stipulés au contrat, le preneur peut retenir d'abord le montant des charges extraordinaires auxquelles doit contribuer le bailleur, et qu'il a seul acquittées; en outre, le montant des *dixièmes* et *vingtièmes* imposés sur le revenu, et que le bailleur à rente doit subir sur sa rente, comme le preneur les subit sur son fonds. Mais le preneur n'a point droit à d'autres rétentions; ainsi, le fonds arrenté vient-il à diminuer de valeur : le preneur n'a droit à aucune diminution des arrérages, les risques sont pour lui, *res perit domino;* ne percevrait-il aucuns fruits, même par suite de force majeure, il n'en devra pas moins les arrérages fixés par le contrat. A ce point de vue, sa situation est donc toute différente de celle du locataire ou fermier; cela tient à ce qu'il est devenu propriétaire de l'héritage baillé à rente : tant qu'il le possède, il doit exécuter l'obligation contractée vis-à-vis du bailleur. La règle souffre une seule exception : au cas où le preneur a été, en temps de guerre, réellement dépossédé pendant une ou plusieurs années, Loyseau (I, 3, nº 11) et Pothier lui donnent droit à une réduction des arrérages.

Les arrérages, nous l'avons dit, peuvent consister en argent ou en fruits; au second cas, le contrat prend le nom de *bail à champart*. C'est une nouvelle différence avec la rente constituée, dont les arrérages, depuis un édit de Charles IX, de novembre 1565, devaient nécessairement être promis et payés en argent.

Ils sont dus jour par jour, dès l'entrée en jouissance du preneur; ce sont des fruits civils; mais le paiement ne s'en fait qu'à la fin de l'année, à moins de clause contraire. Si le preneur est mis en demeure de les payer et qu'il ne le fait pas, il devient comptable des intérêts du jour de sa mise en demeure; encore une différence avec la rente constituée pour les arrérages de laquelle l'anatocisme est prohibé, *usuræ usuras non pariunt*. Ici, les arrérages ne sont pas des intérêts proprement dits, c'est le prix du fonds baillé à rente; c'est donc plutôt un capital, une somme principale, que des intérêts.

c) Les arrérages sont-ils *quérables* ou *portables?* D'après les uns (Dumoulin), il faudrait distinguer suivant que le preneur et le bailleur sont, ou non, *ejusdem fori*, sont, ou non, domiciliés au même endroit : la rente serait portable au premier cas; quérable, au cas contraire. Loisel, lui, ne distingue pas et déclare la rente *quérable*, sauf, bien entendu, la convention contraire des parties; c'est ce principe qui prévalut dans l'ancien droit et qui a passé dans le droit actuel. La règle était la même pour la rente constituée (Loisel, *Inst. cout.*, § 525).

d) Quelles sont les règles relatives à la *prescription* des arrérages? On distingue *deux* sortes de prescription en matière d'arrérages : 1° Celle résultant *des quittances de trois années consécutives;* il y a, dans ce cas, présomption de paiement des annuités antérieures; mais il faut que les parties soient les mêmes; et le créancier peut faire la preuve contraire, c'est une présomption *juris tantum;* cette première prescription est commune aux deux rentes, foncière et constituée; — 2° la *prescription quinquennale*, qui a lieu lorsque le créancier a laissé accumuler plus de cinq années d'arrérages : il ne peut plus réclamer les arrérages antérieurs à ces cinq années; cette prescription, édictée par une ordonnance de Louis XII, de 1510 (et reproduite à l'art. 2277. Civ.), *ne* s'applique *pas* à la rente *foncière*, elle est propre à la rente constituée; l'ordonnance le déclare formellement. (Poth., *Rente const.*, n° 133; Loisel, § 516). Le motif est que la rente foncière, produisant des arrérages qui n'étaient pas des intérêts, était vue d'un œil plus favorable que la rente constituée. — Mais la prescription trentenaire, suivant le droit commun, est applicable à ces arrérages.

B. — *Obligations résultant de clauses spéciales.* — Les principales clauses que, dans la pratique, on insérait presque toujours en faveur du bailleur à rente, sont les suivantes :

1° Clause de *servir les arrérages sans aucune diminution.* — Par cette clause, le preneur s'engage à payer les arrérages sans retenir le montant des impositions extraordinaires auxquelles le bailleur aurait dû contribuer, ni le montant des dixièmes, vingtièmes ou autres impositions sur le revenu. — La même clause pouvait intervenir dans le contrat de constitution de rente, à une condition toutefois : que la somme, représentant ces diverses impositions, jointe aux arrérages, n'excédât pas le taux légal ; autrement, il eût été trop facile d'éluder la prohibition des ordonnances. Cette restriction n'existe pas pour la rente foncière, où il n'y a pas de taux.

2° Clause de *méliorer l'héritage de façon qu'il vaille toujours la rente et plus*, par laquelle le preneur se porte garant du service de la rente, contracte l'obligation personnelle de la payer à toujours ; de telle sorte que, même en cas d'aliénation, par lui, de l'immeuble, il reste tenu subsidiairement de la rente, si le nouvel acquéreur devient insolvable. Cette clause a, en outre, pour effet d'empêcher le déguerpissement, puisqu'on se trouve en présence d'une obligation ordinaire, d'une dette personnelle au preneur. Celui-ci ne sera désormais libéré que par la destruction totale de l'héritage; comment, en effet, méliorer le néant? (Loys., IV, ch. 12, nº 11 ; Poth., nº 56.)

3º Clause de *fournir et faire valoir la rente*, par laquelle le preneur s'oblige à payer la rente à perpétuité. Cette clause produit trois effets : 1º Le preneur devient débiteur personnel du service de la rente *in futurum ;* d'où le déguerpissement, pour lui, n'est plus possible, et s'il aliène l'héritage, il reste tenu subsidiairement des arrérages : il ne peut qu'envoyer discuter les débiteurs principaux, ceux qui ont possédé l'héritage après lui. — 2º L'obligation personnelle du preneur est transmissible à ses héritiers et successeurs universels, qui sont tenus de passer reconnaissance de la clause en faveur du bailleur, dont l'acte exécutoire a perdu tout effet par la mort du preneur; et cela, alors même qu'ils ne détiennent pas le fonds arrenté : ils n'ont qu'à reconnaître qu'en leur qualité d'héritiers ils sont tenus de l'obligation, contractée personnellement par leur auteur, de fournir et faire valoir la rente, obligation qui forme une dette héréditaire, mais qui reste toujours subsidiaire. Au contraire, cette clause n'est pas opposable, suivant le droit commun, aux successeurs à titre particulier du preneur ; pour qu'il en fût autrement, ils devraient passer *titre nouvel* au profit du bailleur, et celui-ci ne peut les y contraindre que si la clause en question a été insérée *in continenti* au contrat de bail à rente. — 3° Enfin, la clause emporte pour le preneur soumission à tous les cas fortuits possibles : il est désormais obligé personnel (Loys., IV, 13, n° 3 ; Poth., n° 52).

4° Clause de *payer la rente à toujours et à perpétuité*. Elle produit les mêmes effets que la précédente, c'est-à-dire d'une manière générale, rend le preneur et ses successeurs universels débiteurs personnels du service de la rente *in futurum* (Loys., IV, 11, n° 1).

5° Clause de *fournir des deniers d'entrée*, par laquelle le preneur s'engage au paiement de deniers d'entrée ou pot de vin, c'est-à-dire d'une somme d'argent ou autres choses mobilières. Dans ce cas, le bail à rente est mélangé de vente, d'où : si l'immeuble est un fief, le seigneur a droit au profit de *quint* sur les deniers d'entrée ; au droit de *lods-et-ventes*, si c'est une censive. En outre, les deniers d'entrée sont comptés pour le calcul de la lésion d'outre-moitié.

6° Clause de *faire sur l'héritage certaines améliorations déterminées* : par exemple, construire un bâtiment, défricher, planter. Le preneur y est alors obligé sous peine de dommages-intérêts et même de résiliation du bail pour inexécution des conditions. Cette obligation affecte en quelque sorte l'immeuble ; le preneur ne peut l'aliéner ni déguerpir tant qu'il ne l'a pas exécutée. La clause oblige aussi ses héritiers et même le tiers-détenteur, en ce sens du moins que s'il ne veut pas l'exécuter, la résolution du contrat est possible. — Le rachat, s'il a été stipulé, ne peut également être exercé que si les améliorations ont été exécutées. — L'obligation ne s'éteint que par la destruction totale de l'héritage : on ne peut améliorer ce qui n'existe plus. Cependant, si l'amélioration effectuée par le preneur est détruite par cas fortuit, Loyseau admet le preneur au déguerpissement et repousse l'opinion contraire d'un certain André comme n'étant pas justifiée ; on ne peut nier, d'après lui, que le preneur ayant exécuté l'amélioration promise, ne soit déchargé de sa promesse (Liv. IV, ch. 12, nº 10).

Nous arrivons ainsi au droit important et caractéristique qui appartient au preneur dans le bail à rente foncière : le droit de se soustraire au paiement de la rente par le déguerpissement.

III. — Du Déguerpissement (Loys., *Tr. du Déguerp.*; Poth., nºs 122 et s.). — On peut le définir : le délaissement d'un héritage grevé de rente foncière, fait à celui auquel la rente est due, à l'effet de s'exonérer *in futurum* du service de ladite rente (Comp. Poth., nº 122). On a dit justement que c'est un remède qui permet d'éviter une plus grande perte en s'exposant à une plus petite. Quant à l'étymologie de ce mot, nous renvoyons au traité de Loyseau, qui y consacre tout un chapitre (Liv. 1er, chap. 2).

La faculté qu'a le preneur de déguerpir est une conséquence de ce principe, sur lequel nous avons suffisamment insisté, qui fait de la rente foncière une *charge réelle*, assise sur le fonds qu'elle grève principalement, le preneur ou le tiers-détenteur n'étant tenus qu'à raison de leur possession, *propter rem*; c'est une dette du fonds. Or, si le fonds est le véritable débiteur de la rente, rien n'empêche le possesseur, qui ne veut plus en servir les arrérages, d'abandonner ce fonds au crédi-rentier : « Je ne suis tenu au service de la rente.

peut-il dire à ce dernier, qu'à raison de ma possession, de ma jouissance; je vous laisse cette possession, cette jouissance; je n'ai donc plus d'arrérages à payer. A quoi, en effet, me suis-je obligé envers vous? — A vous servir la rente *tant que je posséderai l'héritage* (*suprà*, p. 77). Je ne le possède plus, je ne vous dois plus rien. »

Cependant, à l'origine, la question, paraît-il, a souffert quelque difficulté, au moins en ce qui concerne le preneur à rente et ses héritiers. On disait que le contrat de bail à rente par eux passé avec le bailleur était un contrat de bonne foi, et que le déguerpissement est la destruction d'un contrat de cette nature. Mais cette opinion ne tarda pas à être abandonnée, et une ordonnance de Charles VII, de 1441, consacra (art. 20 et 43) la faculté de déguerpir au profit du preneur et de ses héritiers, comme des simples tiers-détenteurs. Ce droit leur fut aussi reconnu par les coutumes de Paris (art. 109 et 110) et d'Orléans (art. 134 et 412); la même doctrine s'étendit aux coutumes muettes et devint dès lors générale (Loisel, § 520).

Ainsi, tout possesseur d'un héritage baillé à rente, que ce soit le preneur lui-même, un tiers-acquéreur, ou les héritiers de l'un ou de l'autre, peut effectuer le déguerpissement. Toutefois, au principe, il y a deux limitations importantes : la première, que nous connaissons, est celle qui résulte des diverses clauses par lesquelles le possesseur s'est obligé *personnellement et sur tous ses biens* au service de la rente *in futurum*; nous y renvoyons (*suprà*, p. 105); — la seconde limitation consiste dans les conditions nombreuses qui sont exigées pour l'exercice du déguerpissement : nous allons les examiner.

§ 1. — **Conditions que doit remplir celui qui veut déguerpir.** — *a)* — Pour déguerpir, il faut d'abord être *propriétaire* de l'héritage et *capable de l'aliéner*, puisque le déguerpissement est un abandon de la propriété; rien de spécial à dire sur cette première condition.

b) — Il faut *payer tous les arrérages échus.* Cette règle ne souffre aucune exception pour le preneur lui-même et ses héritiers; ceux-ci doivent acquitter tous les arrérages échus avant le déguerpissement, même ceux échus avant leur entrée en jouissance. C'est là une obligation qu'ils ont contractée en prenant l'héritage à rente. Certaines coutumes, celle d'Orléans, leur imposent aussi de payer le terme courant, bien qu'ils ne le doivent que pour le nombre de jours écoulés, par $\frac{1}{365}$ de jouissance. Loisel (§ 522) va même jusqu'à mettre *un terme en plus* à leur charge, mais les coutumes gardent le silence sur ce dernier point.

La situation est plus délicate en ce qui concerne les *tiers-détenteurs*. Deux hypothèses se présentent : suivant qu'ils ont, ou non, acquis à charge de la rente, eu connaissance de la rente, ou passé titre nouvel. — Dans la première hypothèse, le tiers-détenteur doit payer, d'abord, les arrérages échus depuis son acquisition, et, de plus, les arrérages *antérieurs*, bien qu'il n'en soit tenu que hypothécairement : le bailleur doit être rendu indemne avant le déguerpissement. Seule, la coutume d'Orléans le dispense de payer les arrérages qui ont couru avant sa jouissance.

Dans la seconde hypothèse, une sous-distinction est nécessaire : — Ou bien le tiers-détenteur est resté de bonne foi jusqu'à la demande formée par le bailleur.

Dans ce cas, il peut déguerpir sans avoir aucuns arrérages à payer, pas même ceux échus pendant sa jouissance : il a fait les fruits siens comme le possesseur de bonne foi. Mais, pour cela, il doit déguerpir *avant la contestation en cause* (Paris, art. 102) ; autrement, il paierait tous les arrérages échus de son temps, à concurrence des fruits perçus. C'est ce qu'avait décidé un arrêt du Parlement de Paris du 23 mai 1572, à la suite duquel un article conforme, l'art. 103, fut ajouté à la coutume. Cet article a pour but de punir le détenteur d'avoir fait une contestation téméraire. — Que s'il se laisse condamner par jugement et ne déguerpit qu'après, Loyseau exige qu'il paye *tous* les arrérages échus de son temps, sans restriction ; mais cette opinion ne prévalut pas, et, même dans ce cas, il ne doit ces arrérages qu'à concurrence des fruits perçus ;

Ou bien le tiers-détenteur a cessé d'être de bonne foi avant la demande formée contre lui. Du jour où il a été de mauvaise foi, où il a connu la rente, il est devenu débiteur personnel des arrérages qui ont couru depuis ce moment : il doit commencer par payer ces arrérages. — Ne doit-il pas payer *tous* les arrérages échus depuis son entrée en jouissance ? même ceux *antérieurs* à sa mauvaise foi ? Loyseau le décide par *a fortiori* de ce qui a lieu pour le détenteur de bonne foi qui déguerpit *après la contestation en cause*, et qui doit (à concurrence des fruits perçus) *tous* les arrérages échus de son temps : il n'y a pourtant là qu'une mauvaise foi fictive, et non pas réelle comme ici. Pothier objecte qu'on a voulu *punir* le tiers-détenteur de sa contestation mauvaise, et que les peines ne peuvent s'étendre d'un cas à l'autre ; mais il ne se prononce pas davantage.

c) — Il faut *que la chose soit entière et non détériorée.* Nous ferons les mêmes distinctions que pour la seconde condition :

1° Vis-à-vis du preneur et de ses héritiers : — Le principe, d'après l'ordonnance de 1441, art. 20, et la cout. de Paris, art. 109, est qu'ils doivent laisser l'héritage *en aussi bon état et valeur qu'il était au temps de la prise.* Le preneur doit donc jouir en bon père de famille ; de plus, à la différence de l'usufruitier, il ne peut forcer le bailleur à recevoir une somme d'argent, pour dommages-intérêts dus à raison de la détérioration de l'héritage : il doit rendre le fonds « en aussi bon état et valeur. »

Quelle est, au juste, la portée de cette obligation ? D'abord, le preneur doit évidemment les réparations d'*entretien.* — *Quid* des *grosses* réparations et des *reconstructions ?* Il faut distinguer entre les démolitions *volontaires, naturelles* et *fortuites.* Les premières sont encore à la charge du preneur, elles proviennent de son fait ; notons, toutefois, qu'il peut transformer l'aspect de l'héritage et que ce seul fait ne peut empêcher le déguerpissement. Aussi, on n'exige pas qu'il laisse l'héritage dans *le même* état, mais en *aussi bon* état.

Les démolitions *naturelles* sont celles qui arrivent par la nature de la chose, par suite de la vétusté d'une maison, par exemple. Ici encore, le preneur à rente, à la différence de l'usufruitier, est tenu de ces grosses réparations : c'est qu'il est, lui, propriétaire de la chose. — Doit-il reconstruire une maison tombée par suite de vétusté ? Tant que dure le bail à rente, le bailleur ne peut l'y contraindre. Mais pour déguerpir, le preneur doit rebâtir la maison. — Si le bail est très-ancien, de sorte qu'on ne puisse se rappeler l'état de l'héritage, il doit le remettre *en bon et suffisant état*.

Quant aux démolitions *fortuites*, celles qui ont lieu par force majeure, fortune de guerre, vouloir du prince, les opinions étaient partagées : les uns appliquaient la règle *res perit domino* et arguaient de la généralité des termes des coutumes et de l'ordonnance pour les mettre à la charge du preneur. Les autres les laissaient au bailleur, en vertu du principe d'équité qu'on ne répond pas des cas fortuits.

2° Tiers-détenteurs qui ont acquis à charge de la rente, ont eu connaissance de la rente, ou passé titre nouvel. — Pour les réparations rendues nécessaires *depuis* son acquisition, le tiers-détenteur qui appartient à cette catégorie est dans la même situation que le preneur et ses héritiers; il faut lui appliquer les mêmes règles. — *Quid* de celles *antérieures* à son acquisition ? Il en est aussi tenu. Ayant agi en connaissance de cause, il a su ce qu'il faisait en achetant l'héritage et ce à quoi il s'exposait par suite de son acquisition ; il doit en subir les conséquences. Comment le bailleur irait-il chercher le détenteur coupable de la dégradation ?

3° Tiers-détenteur de bonne foi. — S'il déguerpit *avant la contestation en cause*, il ne doit aucune réparation, même pour les dégradations provenant de sa faute ou de sa négligence; il est possesseur de bonne foi d'un immeuble qu'il croit libre. — S'il ne le fait qu'*après* la contestation en cause, il est tenu de *toutes* les dégradations produites de son temps, mais seulement à concurrence des fruits recueillis : c'est une peine de sa mauvaise contestation.

d) — Le déguerpissement doit-il *affranchir le fonds des charges réelles* dont il l'a grevé? — Cette question implique que les charges réelles créées du chef du preneur ne sont pas éteintes par le déguerpissement (*infrà*, § 2). Le preneur doit-il en affranchir l'héritage? Non, en ce qui concerne les *hypothèques;* elles ne nuisent point au bailleur, car elles ne grèvent le fonds que déduction faite de son droit à la rente. — Oui, s'il s'agit de *servitudes;* il est tenu de les racheter et faire disparaître; à défaut, il doit indemniser le bailleur en argent.

e) — Il faut *déguerpir l'héritage tout entier.* — Le déguerpissement ne peut être partiel; ceci résulte de ce que l'action du bailleur est une action solidaire et indivisible. Le preneur, dit Loyseau, « ne retiendrait-il *qu'une perche* de tout l'héritage, » il reste soumis à la rente pour le tout. — Comment fera-t-il s'il ne détient qu'une portion de l'héritage? A l'impossible nul n'est tenu; il pourra valablement déguerpir la portion qu'il détient. Mais le bailleur peut refuser d'accepter le déguerpissement, et n'en conserve pas moins action pour le tout contre les autres détenteurs, s'il leur a notifié le déguerpissement et son refus de l'accepter. Il peut aussi accepter la portion déguerpie; il y a alors extinction d'une quote-part de la rente par confusion, mais il conserve toujours, pour le surplus, son action solidaire contre les autres détenteurs de l'héritage : la position de ceux-ci ne peut être rendue meilleure par suite du déguerpissement de leur co-détenteur et le bailleur ne doit pas souffrir de ce déguerpissement; Pothier est formel sur ce point (1).

(1) N° 130.

Il suffit donc de quitter ce que l'on détient, mais il faut quitter tout ce que l'on détient; alors même que la rente serait établie à tant par arpent, on ne peut déguerpir seulement quelques arpents; il faut, comme dit Loyseau, « *mèler le gras avec le maigre* »; de même, s'il s'agit de deux maisons baillées à rente pour un prix différent. En un mot, il faut déguerpir tout ce qu'on détient de l'héritage arrenté.

f) — Enfin, le déguerpissement doit être fait *dans les formes voulues*. Il peut se faire à l'amiable : dans ce cas, aucune forme spéciale. — Si les parties ne s'entendent pas, *inter nolentes*, il doit avoir lieu *en justice*, « il doit être fait *en jugement*, dit Loyseau, c'est-à-dire *en l'audience de justice* (1). »

Il se fait au bailleur ou à ses ayants cause, même si la rente a été établie au profit d'un tiers. S'il y a plusieurs crédi-rentiers et que le déguerpissement est volontaire, le déguerpissant peut choisir, et le rentier choisi devient débiteur de la rente vis-à-vis de ses co-créanciers, qui peuvent le mettre en demeure ou de garder l'immeuble et de leur servir la rente, ou de l'abandonner à l'un d'eux, qui veut bien se charger de la rente; si le déguerpissement est forcé, il se fait au profit du poursuivant. — Enfin, il a lieu aux frais du déguerpissant.

§ 2. — **Effets du déguerpissement** (2). — Il produit deux effets généraux :

1° Il y a, d'une manière générale, *résolution du bail à rente et perte du droit de propriété pour le preneur*.

(1) Cout. de Paris, 109; Loys., V, 1, n° 3.
(2) Loys., liv. VI; Poth., n°s 166 et s.; Loisel, § 521.

Cet effet n'a pas lieu *ratione pænitentiæ,* mais *per remotionem causæ obligationis :* le preneur a voulu se libérer du paiement de la rente; il en résulte que la résolution se produit sans effet rétroactif. De là trois conséquences : 1° Le preneur est libéré *in futurum* du service de la rente; c'est l'effet capital et le but même du déguerpissement. — 2° Les hypothèques, servitudes et autres charges réelles, établies du chef du preneur, ne sont pas éteintes (1), car la règle *Resoluto jure dantis, resolvitur jus accipientis,* ne s'applique qu'au cas de résolution *forcée,* n'émanant pas du constituant lui-même; autrement, il dépendrait de sa pure volonté de frustrer ses créanciers auxquels il a donné hypothèque sur le fonds. Nous avons vu, du reste, que le bailleur à rente n'en souffre pas (*suprà,* § 1, *d.*), ces droits réels n'ayant pu être établis que déduction faite de son droit réel de rente, sur ce que l'héritage vaut de plus que la rente. — 3° Les servitudes et droits réels qu'avait le preneur sur le fonds *avant* le bail à rente, et qui ont été éteints par confusion, en vertu de la règle *Nemini sua res servit,* renaissent après le déguerpissement (2). Il est vrai que s'il avait *acheté* le fonds, au lieu de le prendre à rente, puis *revendu,* ces droits n'auraient pas repris naissance; mais quand on *revend,* on cède *tous* ses droits sur la chose; ici, le déguerpissant renonce simplement aux droits que le *bail à rente* lui avait donnés. Ces droits réels, d'ailleurs, en vertu du principe *Contrà agere non valentem non currit præscriptio,* n'ont pu se prescrire tant que le preneur a possédé l'héritage.

(1) Loys., chap. 3.
(2) Ord. de 1441, art. 15; Loys., VI, ch. 4.

2° Il y a *abandon de l'héritage* (1). Le déguerpissement n'opère pas une cession et un transport de l'héritage des mains du preneur dans celles du bailleur : le déguerpissant ne fait que l'*abandon* de l'héritage. Il en résulte : 1° que le bailleur ne redevient pas *ipso jure* propriétaire de l'immeuble, il faut qu'il *accepte* le déguerpissement ; — 2° jusqu'à l'acceptation du bailleur, le déguerpissant peut reprendre l'héritage, son *offre* n'ayant pas été acceptée ; — 3° le bailleur n'est pas forcé de reprendre l'immeuble, il peut le laisser *vacant* et lui faire nommer un curateur (2) ; — 4° lorsqu'il accepte le déguerpissement, il n'est pas l'ayant-cause du déguerpissant ; il n'y a pas titre nouveau d'acquisition pour lui, puisqu'il n'y a pas vente ; — 5° il n'y pas lieu à l'ouverture des droits seigneuriaux, du droit de lods-et-ventes.

— Le premier effet du déguerpissement constitue une différence notable avec le *délaissement par hypothèque* ou abandon que fait le tiers-détenteur d'un immeuble hypothéqué, de cet immeuble, sur la poursuite des créanciers hypothécaires ou privilégiés et au profit de la *masse* de ces créanciers. Celui qui *déguerpit* abandonne la *propriété* même, et ne peut reprendre le fonds après l'acceptation du créancier ; celui qui *délaisse* n'abandonne que la *possession* : il reste propriétaire jusqu'à la vente par adjudication ou décret, et peut reprendre l'immeuble en satisfaisant les créanciers (3). — Une autre différence entre les deux cas est que les créanciers hypothécaires ne peuvent s'approprier le fonds délaissé, comme le bailleur à rente peut le faire pour le fonds déguerpi.

(1) Loys., chap. 1er. — (2) Cout. Paris, 153. — (3) V. aujourd'hui art. 2173, Civ.

Mais déguerpissement et délaissement ont ceci de commun que pour effectuer l'un ou l'autre, il faut avoir la capacité d'aliéner et ne pas être personnellement obligé à la dette.

— Voilà déjà deux caracteres de la rente foncière : elle est *immeuble*, et comme telle susceptible d'hypothèque; elle est *dette du fonds*, et on peut s'en affranchir par le déguerpissement.

III. — LA RENTE FONCIÈRE EST IRRACHETABLE.

Ce troisième attribut de la rente foncière se déduit, comme les deux premiers, de la nature même du contrat qui lui donne naissance : le bailleur à rente retient par devers lui un droit réel, une portion de son immeuble, qui n'est pas comprise dans l'aliénation; permettre au preneur d'effectuer le remboursement de la rente, ce serait exproprier le bailleur malgré lui ; or, *nemo cogitur rem suam vendere*. Il a précisément *baillé à rente* pour ne pas *aliéner;* permettre au preneur de ne plus payer la rente, et obliger le bailleur à en recevoir le capital, ce serait consommer au détriment de celui-ci l'aliénation qu'il n'a pas voulu faire. Le rachat ou remboursement serait donc contraire et aux termes, et à l'esprit du contrat de bail à rente.

C'est là encore une différence capitale avec la rente constituée; nous avons dit (*suprà*, p. 90) que c'est une *vente* que fait le débi-rentier du droit d'exiger de lui des arrérages, moyennant un capital mobilier que le crédi-rentier s'interdit de lui réclamer, mais qu'il se réserve de pouvoir toujours restituer, pour se libérer du service de la rente : il y a *rente à réméré ;* le débi-rentier a la faculté de reprendre la chose vendue, la rente, en restituant le prix, le capital aliéné; d'où le nom de *rachat*, donné à ce mode de libération. Cette faculté, le rachat, est absolument *de l'essence* de la rente constituée (1); ce n'est qu'à cette condition que l'Église, tout en considérant la rente constituée comme un moyen d'éluder le prêt à intérêt (ce fut à peu près son seul but), la déclara cependant licite dans le for de la conscience comme dans le for extérieur. La faculté de rachat est donc une condition d'ordre public; il en résulte qu'elle est sous-entendue dans tout contrat de constitution, qu'elle est imprescriptible, et que toute clause qui aurait pour but de la refuser ou d'en entraver l'exercice, serait nulle.

La rente foncière, elle, n'est point rachetable, elle est *perpétuelle et non franchissable* (2); toutefois, ce principe subit deux exceptions : dans certains cas, la loi elle-même permet « le franchissement de la rente, » autorise le preneur à racheter la rente; — en outre, l'irrémédibilité n'est que *de la nature* et non de l'essence du bail à rente : les parties peuvent convenir expressément que la rente sera rachetable.

I. — *Rachat légal.* — Cette première exception résulte de diverses ordonnances qui, dans l'intérêt de la déco-

(1) Il n'y a d'exception que pour la rente constituée *à titre gratuit*, la *rente par dons et legs*, qui, en principe et comme la rente foncière, n'est point rachetable de sa nature. V. la note, *infrà*, p. 131.

(2) Poull. Dup., *Princ. du dr. fr.*, liv. II, chap. X, n° 22.

ration des villes, ont permis le rachat des rentes grevant les maisons. Il arrivait que les preneurs, voyant leur revenu absorbé par la rente, les laissaient tomber en ruines. En nov. 1441, une ordonnance de Charles VII déclara rachetables au denier douze les rentes assises sur les maisons de Paris et de ses faubourgs. Par deux édits de mai 1553 et fév. 1554, Henri II étendit la même faveur à toutes les villes du royaume, en fixant le taux du rachat au denier vingt. Les cout. de Paris (art. 121) et d'Orléans (270) consacrent ce droit au profit des preneurs (1). Seulement, ce n'est que pour les rentes qui ne sont pas les premières après l'accensement : une rente est réputée la première après le cens, et par suite non rachetable, lorsqu'au moment de sa création l'héritage n'est chargé d'aucune redevance que du cens. La faculté de rachat est, du reste, imprescriptible, car c'est un motif d'ordre public qui l'a fait admettre.

Cependant, les rentes dues à l'Eglise ne furent pas comprises dans cette exception et restèrent exemptes du rachat, à cause de l'inaliénabilité de ses biens (Déclaration de Charles IX, 1566; Edit de Henri IV, 1606) (2); encore y avait-il exception pour toutes les coutumes qui avaient admis expressément ou tacitement le rachat des rentes grevant les maisons de villes : l'Eglise devait subir le rachat.

II. — *Rachat conventionnel.* — Le trait caractéristique de la faculté de rachat, dans ce cas, c'est qu'elle est

(1) En Bretagne, le Parlement n'ayant pas enregistré les ordonnances déclarant ces rentes *franchissables*, on s'en tenait au droit commun : Arr. du 10 juillet 1752, cité par Poullain Duparc, *Loc. cit.*

(2) Loisel, § 514.

prescriptible, à la différence de ce qui a lieu pour la rente constituée, et même pour la rente foncière, lorsqu'elle est établie sur des maisons de villes. Comme elle est contraire à la nature du bail à rente, de la rente foncière, elle se prescrit, comme une obligation ordinaire, par trente ans « entre personnes âgées et non privilégiées, » et quarante ans, vis-à-vis de l'Eglise et des communautés (C. Paris, 120; Orl., 269; Loisel, § 512). — Il y a, pour ainsi dire, un débiteur et un créancier de la clause de rachat, et si celui-ci n'exerce pas son droit dans les délais de la prescription, il n'est plus recevable à s'en prévaloir (1). Les parties ne peuvent même pas stipuler un délai plus long que le délai légal, ni, à plus forte raison, l'imprescriptibilité; mais elles peuvent se rapprocher du droit commun, c'est-à-dire fixer un délai plus court pour la prescription.

La prescription sera-t-elle interrompue si le preneur vient à passer titre nouvel ou une reconnaissance ? Il y aurait intérêt; mais comme le titre nouvel ou la reconnaissance ne font que constater l'ancien état de choses, il faut dire que la prescription ne sera pas interrompue. — Que si la prescription est déjà accomplie, il est aussi déchu de la faculté de rachat, encore pour le même motif : il n'y a pas là de convention nouvelle qui remette les choses dans leur état primitif.

Le bailleur peut, du reste, quel qu'il soit, église ou non, imposer au preneur telles conditions qu'il juge

(1) Il y avait encore exception en Bretagne, où on se fondait sur les termes de l'art. 263 de la coutume pour écarter la prescription. Poullain Duparc (*Loc. cit.*, n° 23) cite deux arrêts, de 1724 et 1734, dont il critique la doctrine, bien qu'elle s'appuie sur l'autorité de Dumoulin.

convenables ; il peut régler les clauses et conditions du rachat : ainsi le taux auquel le preneur devra l'effectuer. Si le contrat est muet sur ce point, le rachat se fait au *denier vingt ;* mais les parties peuvent élever ou abaisser ce taux, pourvu que celui fixé, au cas de rachat légal, ne soit pas exorbitant et tel que le débiteur ne puisse exercer le rachat (Poth., n° 29).

— La clause de rachat a pour effet de permettre au preneur d'éteindre la rente qui pèse sur son fonds, de dégrever son fonds du droit réel, de la servitude dont il est affecté ; par le rachat, il deviendra propriétaire plein et entier, exclusif, de l'héritage. Il en résulte que cette clause dénature le bail à rente et en fait une véritable *rente,* puisqu'il dépend du preneur d'éteindre la rente, c'est-à-dire de devenir acheteur. De là trois conséquences : on considère les arrérages de la rente comme les intérêts moratoires du prix de l'immeuble, correspondant à la jouissance du preneur avant le paiement du prix ; — il y a lieu au retrait lignager : les lignagers peuvent retirer le fonds des mains du preneur, en lui en payant le prix ; — de même, dans les rapports du bailleur et de son seigneur, il y a vente, et le seigneur a droit, comme profit de mutation, à une somme égale au cinquième du prix, et non pas seulement à des arrérages correspondant à une année de jouissance ; il a, en outre, le retrait féodal.

IV. — LA RENTE FONCIÈRE EST INDIVISIBLE

C'est un démembrement de son droit de propriété

que retient le bailleur dans le bail à rente, un droit réel qui continue à grever l'héritage comme une servitude : il en résulte que la rente est indivisible. Par conséquent, si l'héritage vient à tomber aux mains de plusieurs détenteurs, coacquéreurs ou cohéritiers, le bailleur n'en a pas moins le droit d'exiger la totalité des arrérages de l'un quelconque de ces détenteurs : ils sont solidairement tenus de la rente ; le bailleur a vis-à-vis d'eux une action solidaire pour le tout. Ceci est surtout important au cas de plusieurs cohéritiers : ils ne peuvent opposer la division de la dette. C'est une dette qui est due par l'héritage, sur tout l'héritage comme sur chacune de ses parties. Tout ce que peut faire le cohéritier ou codétenteur actionné pour le tout, c'est de demander au créancier la subrogation dans ses droits et actions, et il ne pourra lui-même agir contre ses codétenteurs que par un recours divisé, afin, selon Pothier (n° 89), d'éviter un circuit d'actions ; mais là n'est pas le motif, il suffit de signaler la règle.

C'est une différence de plus avec la rente constituée dont les codébiteurs ne doivent les arrérages que chacun pour sa part, suivant le droit commun des obligations. (Comp. Loisel, § 529 et la note.)

Nous avons vu une autre application du même principe sur le déguerpissement (p. 114) : il ne peut être partiel, parce que la rente est indivisible. Nous en verrons encore une en matière de prescription : *infrà*, p. 127.

Enfin, si le fonds vient à périr presque en entier, la rente sera due tout entière par ce qui en restera : ce sera le cas, ou jamais, de déguerpir.

— Nous avons ainsi étudié les principaux attributs et

les caractères essentiels de la rente foncière, au nombre de quatre : la rente est immeuble, — due par le fonds, — irrachetable, — et indivisible.

Il nous reste, pour en finir avec l'ancien droit, à voir les *causes d'extinction* de la rente foncière, autres, bien entendu, que le rachat et le déguerpissement, — et ses rapports avec la rente constituée : ce sera l'objet d'un court appendice.

V. — CAUSES D'EXTINCTION DE LA RENTE FONCIÈRE (1) ; SES RAPPORTS AVEC LA RENTE CONSTITUÉE.

I. — Comme tout contrat, le bail à rente peut être *rescindé* pour vice du consentement, erreur, violence, dol ; et, en outre, pour *lésion d'outre-moitié* (2). Cette dernière cause de rescision ne peut se justifier, comme dans la vente, par la présomption que l'acheteur a abusé du besoin d'argent dans lequel se trouvait le vendeur, en le forçant à lui céder son immeuble à vil prix. On a dit que sa raison d'être est la *bonne foi* dont est tenu le preneur vis-à-vis du bailleur, et à laquelle il aurait manqué en promettant des arrérages bien inférieurs aux revenus de l'immeuble. Peut-être aussi faut-il y voir une conséquence de cette vieille idée, reçue dans l'ancien droit, de la conservation des biens dans la famille. — Du reste, le preneur peut, comme dans la vente, écarter l'action rescisoire en payant *l'augmentation de rente,* du jour seulement où l'action est intentée. — Lorsqu'il y a rescision du bail à rente, il est censé n'avoir jamais existé.

(1) Poth., nos 190 et s.
(2) *Ibid.*, no 46.

II. — Il y a trois causes de *résolution* du bail à rente :

1° Nous connaissons la plus intéressante : le déguerpissement (*suprà*, p. 108).

2° La résolution pour *inexécution du contrat*. Le bail à rente est un contrat synallagmatique, engendrant des obligations à la charge des deux parties (*suprà*, p. 97 et 100); si l'une d'elles ne remplit pas les siennes, il y a lieu à résolution au profit de l'autre : ainsi, si le preneur ne paie pas les arrérages. — Dans le silence du contrat, le juge décide combien d'années d'arrérages doivent manquer pour entraîner la résolution ; mais Pothier exige qu'il y ait *plusieurs termes* (1). Si le délai a été fixé dans le contrat, le juge peut encore accorder un délai de grâce.

3° Le bail est résolu *par l'aliénation du fonds*. Le preneur à rente cessant de posséder l'héritage, n'est plus par là même débiteur de la rente : c'est l'héritage qui la doit ; il ne la devait, lui, que *propter rem* (2). Tant pis pour le bailleur, si le tiers-détenteur dégrade l'héritage ; le preneur est désintéressé dans l'affaire : il ne s'était obligé à payer les arrérages que « tant qu'il posséderait le fonds baillé à rente (3). » Il y a, toutefois, deux restrictions au principe : *a)* Pour être libéré du service de la rente *in futurum*, le preneur doit faire connaître le nouveau détenteur au bailleur ; — *b)* il ne faut pas qu'il se soit obligé personnellement, par une des clauses que nous avons vues (p. 105), à servir la rente.

III. — *Le rachat* : *suprà*, p. 119.

(1) N° 121.
(2) Cout. Paris, art. 79.
(3) *Suprà*, p. 77.

IV. — *La destruction de l'héritage.* C'est lui le débiteur de la rente; celle-ci faisant partie du fonds, comment pourrait-elle lui survivre? La perte doit être totale et avoir été causée par cas fortuit. De plus, le preneur qui se serait obligé personnellement à la rente ne pourrait invoquer la perte totale du fonds; ainsi, par la clause de fournir et faire valoir la rente, ou de la payer à toujours et à perpétuité (p. 106).

V. — *La prescription* (Poth., n°s 195 et s.). — La rente foncière est sujette à deux espèces de prescription : la prescription *acquisitive*, et la prescription *libératoire*. La première a lieu quand le détenteur a possédé l'héritage comme franc et libre de la rente, la seconde résulte de l'inaction du créancier bailleur.

1° La prescription *acquisitive* (C. Paris, 114) suppose une possession de bonne foi; elle ne peut donc être invoquée que par un tiers-détenteur qui a acquis dans l'ignorance de la rente. Ni le preneur à rente, ni les tiers-détenteurs ayant eu connaissance de la rente, ni enfin les successeurs universels de l'un ou de l'autre, ne peuvent arriver à la prescription. — Celle-ci suppose encore une possession de dix à vingt ans, suivant qu'elle a lieu entre présents ou entre absents, — et un juste titre, qui ne contienne pas mention de la rente. Autrement, c'est la prescription trentenaire. Mais peu importe que le bailleur ait reçu régulièrement les arrérages d'un autre que le prescrivant. — La prescription par dix à vingt ans était de droit commun, même pour les coutumes muettes; certaines n'admettaient pourtant que la prescription trentenaire.

2° La prescription *libératoire* a lieu quand le créancier, le bailleur, est resté un certain temps sans poursuivre le débiteur, le preneur; il faut punir le créancier de sa négligence, tel est le fondement de cette seconde prescription. Ici, *tout* débiteur de la rente, sans exception, peut l'invoquer, qu'il ait ou non connu l'existence de la rente. Quant au délai, elle a lieu par trente ans, s'il n'y a pas eu acte notarié; c'est le cas le moins fréquent; par quarante ans, dans le cas contraire, l'action hypothécaire ne se prescrivant que par ce délai, d'après la doctrine des pays de droit écrit. — S'il y a plusieurs débiteurs et que l'un seul ait prescrit, le bailleur ne souffre aucun préjudice, parce que la rente est *indivisible;* les codébiteurs du preneur libéré doivent acquitter toute la rente aux mains du bailleur, sauf à recourir contre leur codébiteur.

La prescription court à partir du dernier paiement d'arrérages, ou du jour même du bail à rente, du titre constitutif de la rente, si le bailleur n'a jamais reçu d'arrérages. — Quand ce titre a plus de trente ans, le créancier, à qui on oppose la prescription, est obligé de prouver qu'il a bien été payé, et nous sommes en présence d'un débiteur qui a intérêt à nier le paiement. Or, c'est ce débiteur qui possède les quittances : comment fera le créancier bailleur à rente? Il doit prouver au moins un paiement d'arrérages antérieur à l'accomplissement de la prescription. D'après le titre du Code de Justinien, *De fide instrum.* (IV, 21), il aurait le droit d'exiger du débiteur, à chaque paiement des arrérages, un titre, une reconnaissance, constatant ce paiement; il y aurait alors quittance en double. C'est le seul moyen pour lui d'empêcher la prescription de la rente; car l'ordonnance de Moulins, de 1566, prohibe la preuve testimoniale au-dessus de 100 livres, prohibition que semble avoir perdue de vue un arrêt du Parlement de Paris du 11 mars 1743, lequel autorise, même au-dessus de 100 livres, le bailleur à faire la preuve du service des arrérages par témoins, c'est-à-dire, en définitive, à prouver l'existence même de la rente. C'est là une décision isolée; le créancier, du reste, est en faute, car le paiement des arrérages est un fait dont il peut se procurer une preuve écrite, en exigeant des contre-quittances.

VI. — La *renonciation* expresse ou tacite du créancier à la rente.

VII. — La *novation ;* la *consolidation.*

VIII. — La *purge.* — Ce mot comprend le *décret forcé* et le *décret volontaire.*

Décret forcé. — Le *décret* est l'acte par lequel les créanciers font vendre les immeubles de leur débiteur en justice, au plus offrant et dernier enchérisseur. Il intervient toujours à la suite d'une saisie réelle : le créancier saisissant doit faire insérer dans le procès-verbal de la saisie la clause que l'immeuble est baillé à rente ; l'adjudicataire devient alors débiteur de la rente. Les divers créanciers du saisi sont avertis par des criées d'avoir à faire opposition au décret. C'est alors que le bailleur à rente, si le créancier saisissant a omis la mention ci-dessus, doit faire opposition à fin de charge, pour empêcher que le bien ne soit adjugé sans la charge réelle de la rente. A défaut de cette opposition, il est légalement présumé avoir fait remise de son droit, et l'immeuble est adjugé comme libre de rente foncière ;

il est purgé de la rente foncière : « le décret nettoie l'immeuble. » (Loisel, § 904.)

Décret volontaire. — Voici en quoi consiste ce décret : L'acquéreur d'un immeuble, redoutant des charges réelles, fait consentir une obligation par le vendeur au profit d'un tiers ; le tiers fournit au vendeur une contre-lettre, puis, en vertu de son titre apparent, le vendeur ne payant point la dette fictive, il poursuit la saisie réelle de l'immeuble. L'acquéreur s'en rend alors adjudicataire et l'immeuble est ainsi purgé de toutes charges ; c'est un décret fictif. — Mais ce décret entraînant, par ses formalités, des longueurs et des frais, il fut aboli par l'édit de juin 1771, qui le remplaça par un nouveau mode de purge sur aliénation volontaire, *les lettres de ratification*. L'obtention de ces lettres était subordonnée à des formalités moins longues et moins difficiles, partant moins coûteuses. Au lieu de criées, on dépose simplement au greffe des bailliages ou sénéchaussées le contrat portant aliénation, qui reste exposé pendant deux mois au tableau de l'auditoire. Mais c'était une question que de savoir si ce mode de purge volontaire pouvait s'appliquer aux rentes foncières. Le Parlement de Paris l'admettait, en s'appuyant sur l'art. 7 du préambule de l'édit de 1771, aux termes duquel les lettres de ratification « remplaçaient le décret volontaire. » Ce n'était point là, toutefois, l'opinion générale (V. Merlin, Rép., *Hypoth.*, sect. 1, § 13, VIII).

Comparaison avec la rente constituée.

Nous n'avons guère qu'à rappeler les différences et

les ressemblances que nous avons signalées, en y insistant, dans le cours de notre étude :

1° La rente foncière est toujours immeuble ; la rente constituée ne l'est pas dans toutes les coutumes ;

2° La rente foncière crée une dette réelle, due par l'héritage ; la rente constituée engendre une dette personnelle ;

3° La rente foncière, charge réelle du fonds, est due personnellement par les détenteurs de ce fonds ; la rente constituée, où intervient une clause d'*assignat*, n'est pas due personnellement par les détenteurs du fonds hypothéqué ;

4° La rente foncière est éteinte, pour le preneur, par l'aliénation, la perte totale du fonds, ou le déguerpissement ; ces causes d'extinction n'ont pas lieu pour la rente constituée ;

5° La rente foncière est irrachetable de sa nature ; la rente constituée est essentiellement rachetable ; — on peut stipuler le rachat de la première ; on ne peut stipuler l'irrémédibilité de la seconde ; — le rachat conventionnel, chez l'une, est prescriptible ; le rachat de l'autre est imprescriptible ;

6° La rente foncière est indivisible ; la rente constituée ne l'est pas ; — voilà pour les quatre grands caractères de la rente foncière ;

7° La rente foncière ne comporte pas de taux légal, la convention fait la loi des parties ; la rente constituée est assujettie à un taux légal ;

8° La rente foncière peut consister en argent ou en fruits ; la rente constituée ne peut consister qu'en argent ;

9° La rente foncière produit des arrérages qui ne sont pas prescriptibles par cinq ans ; ceux de la rente constituée le sont ;

10° La rente foncière produit des arrérages qui peuvent eux-mêmes produire intérêt, lorsque le bailleur a mis en demeure le preneur ; il en est autrement des arrérages de la rente constituée : l'argent n'est pas une chose frugifère, *non usuræ usurarum* ; etc., etc. (1).

— A côté de ces différences, il y a plusieurs ressemblances, de détail au moins :

1° Le créancier d'une rente constituée, comme celui d'une rente foncière, a droit à une redevance périodique, annuelle en général, qui forme un revenu pour l'un comme pour l'autre ;

2° Tous les deux sont tenus de contribuer à certaines impositions extraordinaires ;

3° Les arrérages des deux rentes sont, en général, quérables ;

4° Ils sont également soumis à la prescription résultant des quittances de trois années consécutives ;

(1) Il était une hypothèse où la rente constituée n'était pas soumise à toutes les règles ordinaires : quand il y avait *rente par dons et legs*, c'est-à-dire rente constituée à titre gratuit, créée ordinairement en faveur des églises, hospices, fabriques... ou pour cause de dot. Cette rente, qui était une pure libéralité, était vue d'un œil plus favorable que la rente constituée à titre onéreux, et se rapprochait par plusieurs points de la rente foncière. Ainsi : 1° elle était irrachetable de sa nature, sauf les mêmes exceptions que pour la rente foncière : — 2° elle n'était pas astreinte à un taux légal ; — 3° ses arrérages n'étaient pas soumis à la prescription de cinq ans ; — 4° ils pouvaient consister en denrées.

Aussi on se demanda s'il ne fallait pas y voir une rente *foncière* pure et simple, et cette opinion trouva des partisans. Mais Loyseau proteste contre une pareille assimilation ; il n'y a point ici, en effet, de droit réel retenu au profit du crédirentier. Il n'y a exception que dans deux cas : 1° *In alimentis legatis ex certo fundo ;* c'est une faveur particulière pour les aliments : — 2° au cas de *legs pitoyables,* comme les rentes délaissées à l'Église et assignées sur un fonds. Dans ces deux cas, la rente jouissait des prérogatives de la rente foncière. — C'est l'opinion qu'a adoptée la Cour de Rennes, dans un arrêt du 23 août 1879 : il s'agissait de rentes par dons et legs créées au XVIIe siècle au profit des hospices de Vannes (*Dr. actuel*, § III).

5° Le rachat de la rente foncière établie sur des maisons de villes est imprescriptible, comme celui de la rente constituée...; etc.

Une dernière ressemblance, par laquelle nous terminons, mais sur laquelle nous devons donner quelques détails, a trait à *la preuve* de la rente, soit foncière, soit constituée. — L'existence de la rente peut résulter, tout d'abord, du *titre primordial*, lequel peut être notarié et emporter hypothèque, ou sous seing privé. A défaut, les *actes récognitifs* peuvent constituer un moyen de preuve. Ici, comme pour les obligations en général, Pothier reproduit une théorie de Dumoulin, qui, dans la pensée de son auteur, était propre aux matières féodales, et n'en a pas moins passé dans l'art. 1337 du Code civil. Il distingue deux sortes de reconnaissances : celles dites *ex certa scientia in forma speciali*, où on retrouve la teneur de l'acte primordial : ces reconnaissances font foi de leur contenu par elles-mêmes; — et celles dites *in forma communi*, dans lesquelles on se charge et reconnait débiteur de la rente, sans que la teneur de l'acte primordial soit reproduite. Celles-là ne suffisent point pour obliger leur auteur à la rente, lorsqu'il n'y en a qu'une seule. Pour suppléer le titre primordial, il en faut au moins *trois* qui soient conformes l'une à l'autre. Cependant *deux* suffiraient, d'après Pothier, selon les circonstances : ainsi, lorsqu'elles établissent une possession de trente ans au profi du créancier.

— Le droit de rente peut aussi s'établir par les *quittances* constatant la prestation des arrérages pendant un certain temps. Trois cas peuvent se présenter : 1° La prestation a duré *dix ans au moins;* il y a présomption *juris tantum* que la rente existe, à condition que les premières quittances soient *causées ;* — 2° elle a duré *trente ans :* la présomption, alors, est *juris et de jure,* toujours à la même condition ; il y a dans ce cas prescription trentenaire du droit à la rente ; — 3° elle a duré *cent ans :* il y a encore présomption *juris et de jure,* alors même, cette fois, que les quittances produites ne sont point causées ; il suffit qu'elles soient uniformes.

Quant à la preuve testimoniale, Pothier garde un silence absolu ; il est facile d'y suppléer : il n'y a qu'à appliquer l'ordonnance de Moulins (1566) et celle de 1667, c'est-à-dire que si la demande dépasse 100 livres en arrérages et quant au capital, il faut rejeter la preuve par témoins : c'est l'application pure et simple du droit commun.

— Il nous reste une dernière question à résoudre, qui étant donnés l'abîme qui existe entre la rente foncière et la rente constituée, les différences profondes, radicales, qui les séparent et en font deux choses si distinctes, soit pour le crédi-rentier, soit pour le débi-rentier, ou leurs ayants cause, ne manque certes pas d'intérêt; supposons qu'un créancier ait valablement établi, légalement prouvé l'existence d'une rente; quelle sera la nature de cette rente? une rente foncière ou une rente constituée? Nous connaissons tous les intérêts de la question, ils sont nombreux; n'y aurait-il que celui qui concerne le rachat, la question ne serait pas oiseuse : *quid?* — D'après Dumoulin, on doit présumer que la rente est foncière, précisément parce qu'elle n'est pas susceptible d'être rachetée; la faculté de rachat, selon lui, est une règle exorbitante du droit commun qu'il ne faut pas présumer. Ce sera au débiteur qui voudrait s'en prévaloir à faire la preuve de sa prétention : *onus probandi incumbit ei qui dicit.*

Mais Pothier nous apprend (*Rente const.*, n° 166) que l'opinion contraire prévalut dans la jurisprudence. La raison est que les rentes *constituées* étaient encore plus communes que les rentes foncières, quelque répandues que fussent celles-ci. Elles sont aussi moins onéreuses pour le débiteur, et tendent davantage à sa libération : *propensiores esse debemus ad liberationem* (L. 47, D., *De oblig. et act*). Autrement, les créanciers n'auraient qu'à dissimuler les titres de leurs rentes pour mettre les débiteurs dans l'impossibilité d'exercer leur droit de rachat, faute de pouvoir établir que la rente est une rente constituée.

C'est donc au créancier de prouver que la rente est foncière : il le fera à l'aide du titre primordial, ou de reconnaissances : une seule, si le titre de création de la rente y est relaté; *trois* au moins, dans le cas contraire. Si elles se contredisent, on envisage surtout les anciennes, comme étant passées à un moment plus rapproché de la création de la rente.

Telle est, au moins dans ses grandes lignes et avec ses effets généraux, la *rente foncière*, telle que l'ont connue et pratiquée nos ancêtres, pendant la période de notre ancien droit, jusqu'à la Révolution française. Qu'est-elle devenue sous la période du droit intermédiaire, de 1789 à la rédaction du Code civil?

DROIT INTERMÉDIAIRE (1)

La Révolution, faite au nom de la liberté, devait nécessairement appliquer les principes nouveaux qu'elle proclamait, à la matière qui nous occupe. Le bail à rente foncière, il est vrai, nous avons eu soin d'insister sur ce point, n'était empreint d'aucun principe féodal, il était resté pur de tout caractère féodal. A la différence du bail à cens, avons-nous dit, il ne donnait point de prééminence à un fonds sur un autre; le droit réservé par le bailleur n'était pas une directe, et ne comportait, par suite, ni privilèges honorifiques, s'il y en avait d'attachés au fonds, ni retrait, ni prélation, ni lods-et-ventes, à moins de stipulation formelle, mais seulement l'expectative de recouvrer la propriété, à l'expiration du temps fixé, si le bail n'était pas perpétuel. La rente n'était aucunement récognitive : elle représentait le revenu du fonds, et, suivant Argou (2), en absorbait la plus grande partie des fruits. Enfin, le possesseur d'un alleu roturier, le possesseur d'un alleu noble, le vassal détenteur d'un fief, pouvaient, l'un comme l'autre, bailler le fonds à rente foncière.

Aussi, quand le législateur de 1789 se trouva en face du grand problème de l'affranchissement de la propriété foncière, eut-il soin de faire une distinction pro-

(1) Sources : Lois du 29 décembre 1790, du 20 août 1792, du 11 brumaire an VII, etc.
(2) *Suprà*, p. 89.

fonde entre les divers droits établis sur les biens et sur les personnes. Un certain nombre de droits seigneuriaux, en effet, avaient eu leur origine dans des concessions de terres faites par les seigneurs aux roturiers. On ne pouvait donc les abolir purement et simplement sans aboutir à une véritable confiscation. Et comme, cependant, leur maintien était incompatible avec les nouvelles idées, pour concilier le respect de la propriété avec celui de l'égalité, l'Assemblée Constituante eut recours à une distinction : elle *supprima* tous les droits sur les personnes, et même celles des redevances qui avaient été établies en remplacement d'une servitude personnelle; et déclara *rachetables* les droits sur les biens, ou redevances établies comme condition d'une translation de propriété (Déc. des 15 mars et 18 décembre 1790). En d'autres termes, elle expropria, sans indemnité, tous ceux qui avaient des droits sur les personnes; avec indemnité, ceux qui avaient des droits sur les biens ou à leur occasion (1). C'est dans cette seconde catégorie que se plaçait la *rente foncière*.

Ainsi, l'Assemblée Constituante ne s'en tint pas à l'abolition de la féodalité et des privilèges; les droits fonciers eux-mêmes, les redevances purement foncières, dues à tout autre que le seigneur féodal, comme prix ou comme condition de la concession d'un fonds,

(1) Par droits *sur les personnes*, nous entendons les droits féodaux ou seigneuriaux impliquant la suprématie d'une personne sur une autre, ou l'exercice des droits appartenant à la puissance publique. Quant aux redevances *féodales* ou *seigneuriales* dues comme prix ou comme condition de la concession primitive d'un fonds, elles furent d'abord déclarées *rachetables* (Déc. du 15 mars 1790 et du 25 août 1792), puis supprimées purement et simplement par la Convention (Déc. du 17 juillet 1793).

furent, non pas supprimés, mais déclarés rachetables, au profit des débiteurs de ces redevances. La réaction, en 1789, a été si forte contre les maux de toute nature dont les classes agricoles avaient souffert, que tout l'ancien régime foncier et les institutions féodales proprement dites ont été enveloppés dans la même réprobation. Les esprits ont été portés vers l'émancipation de la propriété par un mouvement si vif et si unanime, que la simple abrogation des droits féodaux aurait été impuissante à les satisfaire.

C'est donc pour se conformer au sentiment public, qui était hostile aux locations perpétuelles, que le législateur de cette époque a brisé du même coup des contrats de bail exempts de tout principe féodal ; il n'a pas voulu seulement effacer la hiérarchie des personnes et des terres, qui constituait proprement la féodalité, mais encore abolir des redevances onéreuses, et proclamer enfin le cultivateur propriétaire du sol dont il avait la possession immémoriale et que son travail avait fécondé. Le but fut louable si tous les moyens ne le furent pas. Quant aux baux à rente foncière, ils ne pouvaient qu'être déclarés rachetables, et maintenus jusqu'au rachat, car les droits des bailleurs étaient légitimement acquis, et leur suppression eût été une expropriation pour cause d'utilité privée.

Voilà donc une première réforme capitale : la rente foncière, d'irrachetable qu'elle était, est devenue rachetable. Ce ne fut pas la seule ; d'autres lois de la même époque furent successivement promulguées, qui vinrent porter chacune leur coup au vieil édifice du bail à rente et le dénaturer tellement que c'est à peine si dans la rente foncière du droit intermédiaire, nous retrouvons autre chose que le nom de l'ancienne rente foncière, que lui ont conservé les diverses lois en question. On peut ramener à quatre les réformes introduites par le droit intermédiaire.

I. — LA RENTE FONCIÈRE EST RACHETABLE.

La première loi qui pose ce nouveau principe est une loi du 11 août 1789, dont l'art. 4 est ainsi conçu : « *Toutes* les rentes foncières *perpétuelles*, soit en nature, soit en argent, de quelque espèce qu'elles soient, quelle que soit leur origine, à quelques personnes qu'elles soient dues, gens de main-morte, domaine, apanagistes, ordre de Malte, *seront rachetables ;* les champarts de toutes espèces et sous toute dénomination le seront pareillement au taux qui sera fixé par l'Assemblée. Défenses sont faites, de plus, à l'avenir, de créer aucune redevance non remboursable. » — Cette loi pose donc le principe d'une manière aussi générale et aussi absolue que possible, en ce qui concerne les rentes foncières perpétuelles.

Une autre loi spéciale, du 14 mai 1790, déclare (art. 7 et 8) que les biens ecclésiastiques et ceux des émigrés, aliénés par l'Etat, seront vendus francs et quittes « de toutes rentes, redevances ou prestations foncières, » comme « de toutes dettes, rentes constituées et hypothèques » établies du chef de leurs propriétaires.

Enfin vient la loi des 18-29 décembre 1790, qui a pour but principal d'organiser le rachat. Elle commence par déterminer les divers droits qui y sont soumis, et reproduit, sur ce point, dans son art. 1er, titre Ier, les termes de la loi du 11 août 1789 : « Toutes les rentes foncières *perpétuelles*... etc.,... même les rentes de dons et legs pour cause pie ou de fondation, seront rachetables.... Il est défendu de plus à l'avenir créer aucune redevance foncière non remboursable, *sans préjudice des baux à rente ou emphytéose et non perpétuels,* qui seront exécutés *pour toute leur durée,* et pourront être faits à l'avenir *pour quatre-vingt-dix-neuf ans et au-dessous,* ainsi que *les baux à vie,* même sur plusieurs têtes, à la charge qu'elles n'excéderont pas le nombre de *trois.* » — Art. 2. « Les rentes ou redevances foncières établies par les contrats connus en certains pays sous le titre de *locatairie perpétuelle* sont comprises dans les prohibitions et dispositions de l'article précédent, sauf les modifications ci-après sur le taux de leur rachat. »

Voilà donc, d'une part, la rente foncière profondément atteinte dans sa nature, sinon dans son essence, puisque non seulement elle est déclarée, de droit, rachetable, mais qu'on prohibe encore, à peine de nullité, de la stipuler irrachetable. On la déclare rachetable, dans le passé comme pour l'avenir; le but du législateur a été précisément de dégrever le sol des nombreuses charges qui, en 1789, pesaient sur lui ; ce but n'eût pas été atteint, s'il n'avait édicté que pour l'avenir. — D'autre part, remarquons que la loi de 1790, dans son art. 2, en assimilant aux baux à rente les baux à locatairie perpétuelle, donne la préférence à la jurisprudence provençale sur la jurisprudence du Parlement de Toulouse (*suprà*, p. 81); dans tous les cas, sans exception, les preneurs, dans ces sortes de baux, sont désormais propriétaires, même là où jadis ils n'étaient que simples locataires. — La loi autorise donc une véritable expropriation légale au profit de tous les détenteurs d'immeubles qui, à ce moment, avaient une jouissance perpétuelle.

Toutefois, et ceci se comprend, la loi de 1790 entend respecter les baux à rente non perpétuels ; elle ne s'applique qu'aux rentes foncières *perpétuelles*, et indique ce qu'il faut entendre par là : celles créées pour plus de quatre-vingt-dix-neuf ans, c'est le plus long terme de la vie humaine, — ou reposant sur plus de trois têtes. Donc, les anciens baux à rente non perpétuels ne sont pas atteints par la nouvelle loi, et, pour l'avenir, ils sont encore licites et possibles, dans les limites qu'elle indique. C'est qu'ils ne présentent pas le même inconvénient que les autres : le détenteur est assuré de voir un jour son fonds affranchi de la servitude qui le grève momentanément. De plus, le législateur ne pouvait méconnaître les avantages qu'on était encore en droit d'attendre des baux à rente, même temporaires ou viagers, quoique dans une mesure plus restreinte que par le passé. De là l'exception formelle contenue dans l'art. 1er, tant pour le bail à rente que l'emphytéose.

— En ce qui concerne le mode de rachat des rentes foncières perpétuelles, la loi de 1790, titre III, distingue : Pour celles qui ont été déclarées rachetables lors de leur création (ou qui le sont en vertu de lois particulières), on suit la convention des parties et les règles de l'ancien droit (*suprà*, p. 119) ; si elles sont devenues irrachetables « *avant le 4 août 1789* » par l'effet de la *prescription* (*suprà*, id.), on se reporte encore au contrat : « Le rachat s'en fera sur le capital porté au contrat » (art. 3).

Pour les rentes foncières non originairement rachetables, « les parties (art. 1er) sont libres de traiter de gré à gré. » Ce n'est qu'à défaut d'entente entre elles que l'art. 2 fixe *le taux* du rachat. Ce taux varie suivant que la rente consiste *en argent* ou *en nature*. Dans le premier cas, le rachat se fait « sur le pied du *denier vingt* », c'est-à-dire de 5 %. — Dans le second, pour les rentes « en nature de grains, volailles, denrées, fruits de récolte, service d'hommes, chevaux ou autres bêtes de somme et de voiture », il se fait « au *denier vingt-cinq* de leur produit annuel », sur le pied de 4 %. Il faut donc commencer par évaluer en argent la redevance annuelle ; mais ici la redevance n'a pas, comme au premier cas, une valeur précise et déterminée : la loi devait forcément se contenter d'une valeur moyenne ; d'où la combinaison suivante : s'il s'agit de denrées, par exemple, on en établit le prix, à l'aide des mercuriales du marché le plus voisin de la situation de l'immeuble, pendant les *quatorze* années qui précèdent le rachat ; on retranche les *deux* années où le prix a été le plus élevé et les *deux* années où il a été le plus bas. Les prix des dix années restantes sont additionnés, on divise le total par dix, et on a le prix moyen de la rente, qu'il suffit de multiplier par vingt-cinq pour connaître le capital du rachat.

Si la rente consiste en journées d'hommes, charrois ou chevaux, on les évalue aussi en argent, d'après les tableaux dressés par le Directoire du district de la situation de l'immeuble, et on procède de la même façon. — (Tit. III, art. 6-10.)

Quant au motif de la différence entre les deux taux, voici peut-être quel il est : La valeur des denrées augmente progressivement, celle de l'argent va toujours diminuant ; le crédi-rentier qui stipule une prestation en nature veut profiter de l'augmentation de valeur des denrées et se mettre à l'abri de la diminution de valeur du numéraire; la rente étant perpétuelle et non rachetable, dans l'intention des parties, le bailleur conservait donc le revenu qu'il avait stipulé; il recevait à perpétuité la même quantité de denrées, quelle que fût l'augmentation de valeur qu'elles éprouvaient. Or, les rentes étant déclarées rachetables, le crédi-rentier perd cet avantage : il reçoit un capital en argent, qui régulièrement ne produira qu'un intérêt de 5 %; avec cet intérêt, il ne pourra plus se procurer les denrées que le débi-rentier devait lui fournir, au moins après un certain nombre d'années. C'est pour compenser ce préjudice que le législateur fixe le taux du rachat au denier vingt-cinq, au lieu du denier vingt.

Enfin, aux sommes ainsi trouvées à l'aide du calcul indiqué par la loi, il faut ajouter *un dixième* en sus, lorsque la rente a été créée « sous la condition de la non-retenue du dixième, vingtième ou autres impositions royales » (art. 2).

— Depuis les lois de 1789 et 1790, la rente foncière est essentiellement rachetable : telle est la première réforme réalisée par ces deux lois. Est-ce à dire qu'elles ont complétement changé la nature de cette sorte de rente? On l'a soutenu ; on a dit que par cela même que le preneur à rente peut forcer le bailleur à lui céder son droit de rente, ce dernier droit n'est plus un droit réel immobilier ; « que c'est une chose inconciliable avec le droit de propriété, qu'il puisse dépendre de la volonté d'un tiers de faire cesser ce droit malgré le propriétaire : donc un droit susceptible d'être éteint de cette manière n'est pas un droit de propriété. » (Fœlix et Henrion, *Rentes fonc.*, ch. prél., § 5.)

C'est là manifestement une erreur, et nous connaissons assez la rente foncière ancienne pour dire que l'objection ainsi faite ne porte pas : est-ce que dans l'ancien droit, quand on stipulait le rachat, la rente foncière perdait son caractère de droit réel immobilier? est-ce que, dans l'ancien droit, la rente foncière grevant les maisons des villes, essentiellement rachetable, n'était pas un droit réel immobilier?

Mais il suffit de lire le texte de la loi, qui s'est expliquée formellement sur ce point, titre V, art. 1er : « La faculté du rachat accordée aux débiteurs des rentes foncières *ne dérogera en rien aux droits, privilèges et actions* qui appartiennent ci-devant aux bailleurs de fonds, soit contre les preneurs personnellement, *soit sur les fonds baillés à rente*. En conséquence, les créanciers bailleurs de fonds continueront à exercer les mêmes actions *hypothécaires*, personnelles *ou mixtes, qui ont eu lieu jusqu'ici*, et avec les mêmes privilèges qui leur étaient accordés par les lois, coutumes, statuts et jurisprudence qui étaient précédemment en vigueur dans les différents lieux et pays du royaume. » — Art. 3 : « Cette faculté ne changera pareillement *rien à leur nature immobilière*, ni quant à la loi qui les régissait ; en conséquence, elles continueront d'être soumises aux mêmes principes, lois et usages que ci-devant, quant à l'ordre des successions, et quant aux dispositions entre-vifs et testamentaires et aux aliénations à titre onéreux. » — On ne comprend donc pas la controverse sur ce point (En ce sens : MM. Aubry et Rau, t. II, § 224 *ter;* Proudhon, *Dom. de pr.*, n° 282). Le but de la loi était exclusivement politique, il suffit de se rappeler la date du 4 août 1789 pour s'en convaincre; c'est dans cette nuit célèbre que l'Assemblée Constituante posa le principe du rachat, la loi de 1790 n'a fait que l'organiser : le législateur ne songeait pas encore à innover dans le domaine du droit civil.

Terminons sur la loi du 29 décembre 1790, en citant l'art. 2 du titre VI, qui s'occupe des créanciers ayant hypothèque sur les rentes foncières : au cas de remboursement de la rente, pour conserver leur droit, ils sont tenus de faire, comme dans le cas où la rente aurait été aliénée, une opposition au greffe des hypothèques du ressort de la situation des fonds grevés, « sans préjudice de l'opposition qu'ils pourront en outre former entre les mains du débiteur au remboursement. » Et les redevables qui voudraient racheter, ne peuvent le faire qu'après s'être assurés de l'absence d'oppositions.

Avant de passer à une seconde innovation importante en cette matière, citons la loi des 15 sept.-16 oct. 1791, qui fixe le mode et le taux du rachat des droits ci-devant seigneuriaux, soit fixes, soit casuels, dont sont grevés les biens possédés à titre de bail emphytéotique ou de rente foncière non perpétuelle.

II. — IL N'Y A PLUS SOLIDARITÉ ENTRE LES CODÉTENTEURS.

C'est une loi du 20 août 1792 (tit. II, art. 1-6), qui

fait ce nouveau pas en avant : désormais, les codétenteurs ne sont plus tenus solidairement au paiement de la rente, même pour les arrérages déjà échus au moment de sa promulgation. Et cette solidarité est abolie *sans indemnité* à payer au bailleur ; de façon que chacun des débi-rentiers est libre de servir ou de racheter sa portion de rente sans avoir à servir ou à racheter aussi la portion de ses codébiteurs.

III. — LES ARRÉRAGES SE PRESCRIVENT PAR CINQ ANS.

C'est la même loi du 20 août 1792 qui introduit cette troisième réforme, assimilant ainsi les arrérages de la rente foncière et ceux de la rente constituée (tit. III, art. 1-5).

IV. — LA RENTE FONCIÈRE EST DÉCLARÉE MEUBLE.

Cette formule n'est pas celle dont se sert la fameuse loi à laquelle nous arrivons : la loi du 11 brumaire an VII. Elle porte simplement, titre 1er, chap. 2, art. 7 : « Les rentes constituées, les *rentes foncières* et les autres prestations que la loi a déclarées *rachetables, ne pourront plus* à l'avenir *être frappées d'hypothèque.* » La rente foncière, comme les meubles en général, n'a donc plus suite par hypothèque. On maintient seulement, en vertu du principe de la non-rétroactivité des lois, à l'application duquel aucune raison politique ne s'oppose, les droits des créanciers hypothécaires antérieurs, les hypothèques antérieurement concédées, et les art. 42 et 45 de la loi indiquent les formalités que le créancier doit remplir pour les conserver, ou le tiers-détenteur, pour les purger. Donc, les hypothèques consenties sur des rentes foncières avant la loi de brumaire an VII restent efficaces, si elles ont été conservées et si elles n'ont pas été effacées par la purge (Comp. art. 654, C. pr.).

— De ce que la rente foncière n'est plus susceptible d'hypothèque, s'ensuit-il qu'à tous autres points de vue elle doive, dès maintenant, être déclarée *meuble* et traitée comme telle? On a prétendu que non; d'après cette opinion, la loi de brum. an VII n'aurait qu'un effet tout relatif, et ce ne serait qu'au seul point de vue de l'hypothèque que la rente foncière devrait être tenue pour meuble. Si, dit-on, l'hypothèque a été prohibée, c'est parce que la rente a été déclarée rachetable; or, dire que des rentes ne peuvent plus être hypothéquées parce qu'elles sont rachetables, ce n'est pas dire qu'elles deviennent absolument mobilières (MM. Merlin, Rép., *Rente fonc.*, § 4, art. 4; Laurent, t. XXVII, n° 56, et plusieurs arrêts, Cass., ch. r., 27 nov. 1835).

Mais l'opinion contraire a prévalu en doctrine et en jurisprudence : ainsi, la chambre civile de la Cour de cassation a jugé en termes absolus « que les rentes foncières ont perdu tout caractère immobilier par la disposition de l'art. 7 de la loi de brumaire an VII, qu'elles sont devenues meubles et assimilables aux autres meubles » (27 déc. 1848, D. 49, 1, 90). Cette solution nous paraît juridique, car la disposition de la loi de brumaire n'est, en réalité, que la conséquence de ce principe, qui, bien que non formulé dans la loi elle-même, « en forme néanmoins, dit M. Demolombe (IX, n° 424), la base essentielle, » principe d'ailleurs proclamé dans la discussion qui a précédé les art. 529 et 530 : « La section, dit Cambacérès, a suivi sur les rentes la législation existante. » (En ce sens, MM. Aubry et Rau, t. II, § 165, note 16, et la jurisprudence : Dalloz, Rép., *Rentes fonc.*, nos 56 et 196.)

A tous points de vue, la rente foncière est donc *meuble*, depuis la loi de brumaire an VII; le législateur est revenu purement et simplement à la règle *actio quæ tendit ad mobile est mobilis*. Il en résulte que le crédi-rentier, le bailleur à rente, n'a plus, dans son patrimoine, qu'un droit personnel, *un droit de créance :* c'est le dernier coup qu'ont porté et que pouvaient porter à l'ancienne rente *foncière* les lois de la Révolution. Que n'ont-elles imaginé, pour désigner la rente qui l'a remplacée, un nouveau nom, qui fût, pour ainsi dire, moins menteur et n'éveillât point la même idée qu'éveille celui-là avant 1789? La nouvelle *rente foncière*, en effet, pour l'appeler comme elles le font, n'a plus rien de foncier; ce n'est plus une dette du fonds, comme autrefois, due par tous les détenteurs de ce fonds : c'est une obligation purement personnelle, qui est à la charge de celui qui la contracte vis-à-vis du *bailleur*, si l'on peut encore se servir de ce nom, et qui, après la loi de brumaire an VII, resta à la charge de ceux qui détenaient actuellement les fonds arrentés.

Il en résulte : 1° qu'il s'est opéré au profit des débi-rentiers une transmission du droit réel retenu par le crédi-rentier, du droit de copropriété qu'il avait sur le fonds; les détenteurs des héritages arrentés, par l'effet de cette loi, sont devenus pleins propriétaires de ces héritages, dans toute la force du terme; il y a en expropriation forcée, et sans indemnité, du droit réel réservé par le bailleur dans l'héritage, lequel a été remplacé par un simple droit personnel; — 2° la rente foncière n'étant plus dette du fonds, mais dette personnelle au débi-rentier, il faut en déduire toutes les conséquences inverses de celles que nous avons vues dans l'ancien droit, notamment celle relative au *déguerpissement* : ce n'est plus le fonds qui doit la rente, comment le débiteur pourrait-il déguerpir? Il est obligé personnellement, sur tous ses biens; il ne peut donc plus recourir à ce mode de libération, qui était une conséquence de la *réalité* de la rente foncière; — 3° l'ancien bailleur à rente étant dépouillé de tout droit sur le fonds, ne conservant rien de l'héritage arrenté, est devenu par là même un véritable *vendeur*, ayant aliéné sa chose moyennant une redevance périodique. Aussi la jurisprudence lui a reconnu le *privilège* du vendeur, comme garantie de sa créance, privilège portant sur l'immeuble entier, bien que le détenteur n'en ait acquis qu'une portion des mains du bailleur (1); — 4° enfin, et d'une manière générale, il faut désormais appliquer à la rente foncière toutes les règles propres aux meubles, et non plus celles concernant les immeubles : ainsi, en matière de communauté conjugale, par exemple.

— Citons, pour terminer, la loi du 3 frimaire an VII, qui vient dissiper tout doute sur la mobilisation des rentes foncières : elle autorise les débiteurs de ces rentes à retenir le *cinquième* des arrérages, comme équivalent de la contribution foncière (art. 98).

(1) V. MM. Fœl. et Henr., p. 141; Aubry et Rau, § 224 *bis*, notes 12 et 13.

Telle est la rente foncière telle que l'ont faite les lois qui ont proclamé la liberté du sol français, et qui, pour détruire la féodalité jusque dans ses derniers vestiges, se sont proposé de faire table rase de tout ce qui, de près ou de loin, pourrait en rappeler les tristes souvenirs : voilà comment elles en sont arrivées graduellement, en l'espace de quelques années, à l'abolition de la rente foncière que leur avait léguée l'ancienne législation.

V. — COMPARAISON AVEC LA RENTE CONSTITUÉE.

Sur ce point, nous serons bref : il n'y a qu'à rayer du nombre des différences si nombreuses et profondes que nous avons constatées sous l'ancien régime, entre les deux rentes, toutes celles qui ont trait aux principes que le droit nouveau a remplacés par les principes opposés, c'est-à-dire, d'une manière générale, au principe de la réalité de la rente foncière. Au lieu des différences radicales qui jadis séparaient cette dernière de la rente constituée, et en faisaient une combinaison si ingénieuse, si originale, nous avons autant de points de similitude qui tendent singulièrement à faire confondre nos deux rentes :

1° Comme la rente constituée, que la loi de brumaire an VII a aussi déclarée meuble (art. 7), la rente foncière est meuble ;

2° Comme la rente constituée, elle engendre une dette purement personnelle, dont on ne peut plus se libérer par le déguerpissement ;

3° Comme la rente constituée, elle est essentiellement rachetable ;

4° Comme la rente constituée, elle engendre une dette divisible, pour laquelle il n'y a pas solidarité entre les codébiteurs.

Les grandes réformes du droit intermédiaire ont donc eu pour résultat de rapprocher sensiblement la rente foncière de la rente constituée. Il est resté cependant certaines différences, celle, par exemple, relative à la nature du capital aliéné par le crédi-rentier, qui sont assez importantes pour faire maintenir entre les deux rentes, sinon la barrière qu'avait élevée entre elles nos anciennes coutumes, du moins un mur de séparation dont il faut toujours tenir compte. Nous renvoyons, pour plus de détails, à la fin de notre troisième et dernière période.

LA RENTE FONCIÈRE

DANS

LE DROIT ACTUEL (1)

(Art. 530, C. civ.).

Discussion du Code civil.

Un seul article, l'art. 530 du Code civil, traite de la rente foncière dans le droit actuel; et, chose curieuse,

(1) Sources : MM. Fœlix et Henrion, *Rentes foncières*, Paris, 1828; Toullier, *Droit civ. fr.*, III, nos 21 et s.; Demolombe, IX, nos 422 et s.; Aubry et Rau, § 224 (II, p. 446); Laurent, XXVII, nos 38-67.

les auteurs du Code de 1804 ont d'abord rédigé et discuté ce Code, tous ses articles ont été votés, sans qu'il ait été seulement question de la matière qui nous occupe : l'art. 530 du Code civil est le dernier qu'ait rédigé et voté le législateur de 1804. — On pourrait s'étonner, après avoir vu la place considérable qu'occupait cette matière dans notre ancienne jurisprudence, la révolution profonde qu'y opérèrent les lois de l'époque intermédiaire, on pourrait, dis-je, s'étonner qu'au lendemain de cette révolution accomplie par les lois de 1790 et de l'an VII, c'est-à-dire en l'an XII, le nouveau législateur ne se soit pas préoccupé plus tôt de la question. Toutefois, ceci prouve seulement les hésitations qu'éprouvèrent les rédacteurs, sur le point de savoir si l'ancienne rente foncière devait être rétablie, et sur les caractères qu'il faudrait, en cas de rétablissement, lui attribuer, pour l'accommoder aux institutions nouvelles.

En effet, la question devait nécessairement se poser de savoir si le législateur reviendrait sur ses pas, s'il permettrait d'établir des redevances perpétuelles purement foncières, sans mélange de féodalité, mais aussi sans faculté de rachat, ou si au contraire, il maintiendrait le principe du décret des 18-29 décembre 1790 et de la loi de brumaire an VII. Ce fut le consul Cambacérès qui, sur une observation de Bigot-Préameneu, souleva la question, lors de la discussion du projet qui devint la loi du 30 ventôse an XII. — Portalis avait fait connaître les hésitations de la commission et surtout les siennes : « Nous avons pensé, dit-il dans son discours préliminaire sur le projet de Code civil, qu'on avait été trop loin quand, sous prétexte d'effacer jusqu'aux moindres traces de la féodalité, on avait proscrit le bail emphytéotique et le bail à rente foncière, qui n'ont jamais été un contrat féodal, qui encourageaient les défrichements et qui donnaient à des cultivateurs laborieux, dont les bras faisaient toute la richesse, les moyens faciles de devenir propriétaires. *Cependant* nous n'avons pu nous dissimuler les grands inconvénients qui seraient attachés à une législation toute particulière et très-compliquée qu'ont toujours exigée ces sortes de contrats, et nous avons abandonné à la sagesse du gouvernement la question de savoir s'il est convenable d'en provoquer le rétablissement. » (Locré, I, p. 309.)

La question fut abordée à la séance du Conseil d'Etat du 7 pluviôse an XII. Il faut lire la brillante et solide discussion dans laquelle les avantages et les inconvénients de l'ancien bail à rente furent successivement agités (1). — Maleville le défendit avec énergie ; il rappela l'origine romaine de ce contrat (emphytéose), sa nature propre, son caractère purement civil et non féodal, et les grands services qu'il avait rendus : « C'est ce contrat, dit-il, qui a repeuplé les Gaules dévastées par les Barbares et par les guerres intestines et non moins funestes de la première et de la seconde race ; c'est par le moyen de ce bail que la grande majorité du peuple est redevenue propriétaire, a pu racheter sa liberté, a défriché les forêts et desséché les marais qui couvraient la surface de l'Empire. » Puis l'orateur démontra qu'il n'y avait aucune raison péremptoire de prohiber un contrat qui seul était capable d'offrir aux cultivateurs des garanties suffisantes de durée et de

(1) Fenet, XI, p. 56-72 ; Locré, VIII, p. 80 et s.

sécurité, qu'ils ne trouveraient pas dans le simple bail. Quant aux difficultés pratiques d'application qu'il soulevait autrefois, elles tenaient presque toutes aux droits seigneuriaux qui n'existent plus. Enfin, le preneur a toujours la faculté de déguerpir, si la rente devient trop onéreuse. Les inconvénients qu'on lui reproche sont donc imaginaires, et Maleville conclut en ces termes : « Il est difficile de concevoir quelque raison solide qui puisse empêcher de rétablir la faculté de donner des fonds à rente foncière; n'y a-t-il donc plus en France de terrains en friche? Le nombre des propriétaires est-il trop grand pour sa surface, et n'est-il pas, au contraire, du plus grand intérêt de l'Etat de multiplier ce nombre? Sa tranquillité, son immutabilité, sa puissance ne dépendent-elles pas essentiellement du meilleur emploi de son terrain et de l'attachement des citoyens pour le sol qui les a vus naître? Un homme qui n'a que ses bras est citoyen du monde, et, par cela même, ne l'est d'aucun pays en particulier (1). »

Cambacérès appuya la proposition de Maleville (2), et son opinion est remarquable par la lumière qu'elle jette sur les desseins de l'Assemblée Constituante en matière de propriété, et sur le sens politique de la loi des 18-29 décembre 1790. Si elle a aboli les rentes foncières, c'est par des considérations purement politiques : « L'Assemblée Constituante avait à lutter contre la classe des privilégiés, qui était en même temps celle des grands propriétaires; elle l'a attaquée en attaquant la propriété d'où cette classe tirait sa force, et par ce même moyen elle s'est attachée le tiers-état qu'elle

(1) Locré, p. 80.
(2) *Ibid.*, p. 85 et s.

voulait opposer aux privilégiés. » De là le rachat des rentes foncières ; c'est une loi toute de circonstance ; les circonstances changeant, les lois doivent aussi être changées. Pourquoi ne pas permettre aux propriétaires de disposer de leurs biens comme ils l'entendent ?

Pelet réclama aussi, au nom des départements du Midi, le rétablissement des rentes foncières, disant que le terroir de ces contrées est stérile et ne doit sa prospérité qu'aux baux à rente. Un bail, quelque long qu'on le suppose, ne donnerait pas au preneur une sûreté suffisante pour se livrer à de longs travaux, planter des vignes et des oliviers, élever des terrasses, construire des canaux d'irrigation. Il ne faut pas défendre des contrats qui sont utiles aux deux parties contractantes et, par suite, à l'agriculture.

Portalis était très-hésitant : « Il n'est pas évident que le rétablissement des rentes foncières fût un bien, quoiqu'il ne soit pas également certain qu'il fût un mal. » (Locré, p. 93.)

— Tronchet, Regnaud (de Saint-Jean-d'Angély) et le Premier Consul se prononcèrent très-nettement pour le maintien du décret des 18-29 décembre 1790. — Tronchet fit remarquer avec beaucoup de raison qu'un bail n'a pas besoin d'être perpétuel, ni une rente d'être irrachetable, pour donner au preneur la sécurité qui lui est nécessaire, et qu'un bail perpétuel, avec faculté de rachat après trente ans, est largement suffisant pour encourager les grandes entreprises (Locré, p. 83).

D'après le Premier Consul, il importait, avant tout, d'examiner s'il était de l'intérêt de l'Etat qu'il y eût des rentes foncières perpétuelles : « Considérées sous ce rapport, les rentes foncières ne paraissent point présenter d'avantages. On conçoit difficilement qu'il puisse être utile à l'Etat que les terres soient chargées envers lui d'une imposition du quart de leurs produits ; qu'un bailleur en prélève encore un autre quart, ou même une portion plus forte; qu'enfin le preneur les donne encore à ferme à des cultivateurs. » Le bail à ferme a sur le bail à rente l'avantage d'obliger le propriétaire à surveiller ses intérêts et de l'empêcher de devenir étranger à sa propriété, tandis que le bailleur à rente, dégagé de toute sollicitude, consomme habituellement son revenu dans la ville (1). Enfin, les rentes foncières avaient leur utilité dans le système politique de la féodalité : « Elle avait placé la propriété des terres dans un petit nombre de mains et il était dans ses principes de les y maintenir. C'était donc adoucir le sort du peuple que de lui donner sur les terres un droit plus fort que celui de simple fermier. Mais cette considération devient maintenant impuissante. » (Locré, p. 90.)

Mais l'opinion la plus remarquable fut celle de Regnaud (de Saint-Jean-d'Angély) ; il exprima avec une grande force les craintes que le bail perpétuel peut inspirer dans une société démocratique, passionnée pour l'égalité civile et violemment hostile à tout ce qui pourrait rétablir, même en apparence, la dépendance perpétuelle et héréditaire de l'homme à l'égard de l'homme. Il faut surtout juger les rentes foncières par les effets qu'elles produiraient dans l'état actuel des

(1) M. Garsonnet (*Op. cit.*, p. 567) dit également : « Les paysans français, en 1789, n'ont fait qu'obéir à la loi naturelle qui pousse l'homme attaché par une longue possession au sol qu'il a fécondé, à éliminer le propriétaire, quand celui-ci, vivant loin de ses domaines, n'y paraît que pour exiger la rente et va la dépenser ailleurs. »

choses. Les propriétaires, pour ne pas subir la perte résultant de la valeur de l'argent et de la diminution de l'intérêt, stipuleraient une rente en denrées, proportionnelle aux produits de l'héritage. Ils se créeraient par là une nouvelle suprématie dans les communes rurales, où ils possèdent presque tout le sol. « Ainsi, si les rentes foncières ne rétablissaient pas divers ordres, elles formeraient du moins plusieurs classes de citoyens. On verrait reparaître une partie des inconvénients de la féodalité... » Il y aurait, pour ainsi dire, des classes dominantes et des classes dépendantes ; de là aux abus de la féodalité, il n'y a pas loin. Le bailleur conservant un droit de propriété dans la chose, et ce droit soumettant le preneur à une redevance perpétuelle, il en résulterait, comme par le passé, la dépendance des uns et la domination des autres (Locré, p. 92).

— Ce fut cette opinion qui l'emporta. En résumé, l'ancien bail à rente n'était pas un contrat féodal, il avait rendu des services incontestables au pays, il était conforme à ce principe qui permet au propriétaire de disposer de sa chose comme il l'entend ; — mais aussi il avait pour résultat d'entraver la libre circulation des biens qu'on voulait, au contraire, favoriser en dégageant la propriété foncière de toutes les entraves qui pesaient sur elle sous l'ancien régime ; il fallait prévenir les procès auxquels donnaient lieu les relations compliquées qui en résultaient ; et, enfin, effacer partout les traces de vassalité qui semblaient s'être empreintes aussi sur le bail à rente simple, quoique à un degré sans doute infiniment moindre que sur le bail à rente seigneuriale. Le principe de l'égalité était trop vivace en France pour permettre le rétablissement d'un contrat qui la blessait en réalité, quoiqu'il la respectât en apparence.

Voilà pourquoi, finalement, le Conseil d'Etat rejeta la proposition de rétablir les rentes foncières (1).

Depuis lors, personne n'a songé à en demander le rétablissement. Aujourd'hui que la propriété est divisée, que les mœurs et les lois sont d'accord pour en favoriser la circulation, que l'accroissement de la fortune mobilière a multiplié les capitaux et surtout les petites fortunes, et qu'enfin le sol est presqu'entièrement livré à la culture, on peut croire que le bail à rente foncière présenterait plus d'inconvénients que d'avantages. Au double point de vue politique, et surtout économique, son rétablissement n'est donc pas à désirer. Mais on ne peut nier qu'il ait été autrefois éminemment utile. Le droit nouveau ne l'a pas conservé, et son abolition laisse peu de regrets; mais « ce n'est pas une raison, dit fort bien M. Garsonnet, « pour nier les obligations qu'on lui a; ne jugeons pas « les choses du passé avec les idées d'aujourd'hui, et « demandons-nous sans prévention quel eût été le sort « des cultivateurs avant 1789, sans ces combinaisons « ingénieuses qui, après les avoir admis à la possession perpétuelle et héréditaire du sol, leur permirent « d'en acquérir la propriété » (2).

(1) Séance du 15 ventôse an XII. — V. dans Locré, VIII, p. 38, la manière dont Portalis expose l'opinion de la majorité qui avait voté le rejet de la proposition. Il termine en ces termes : « Nous eussions cru choquer l'esprit général de la nation sans aucun retour d'utilité, en rétablissant les rentes non rachetables. »

(2) *Op. cit.*, p. 421.

Définition et nature juridique de la Rente foncière.

Restait à formuler l'opinion de la majorité. Dans la séance du 19 ventôse an XII, la section de législation présenta au Conseil un projet ainsi conçu : « Toute « rente établie *à perpétuité,* moyennant un capital en « argent, ou pour le prix évalué en argent de la vente « d'un immeuble, ou comme condition de la cession « à titre onéreux ou gratuit d'un fonds immobilier, *est* « *essentiellement rachetable.* — Il est néanmoins per- « mis au créancier de stipuler que la rente ne pourra « être remboursée qu'après un certain terme, lequel « ne peut jamais excéder *trente ans :* toute stipulation « contraire est nulle. »

Sur la proposition de M. Jollivet, les mots : « *évalué en argent* » furent supprimés. Il ne fallait pas, selon lui, que l'on pût inférer de ces mots « que la prohibition ne tombe pas sur les rentes foncières *qui seraient constituées en nature.* » On ne s'aperçut pas de la confusion qu'il faisait entre le capital de la rente et ses arrérages.

Pelet fit ajouter à l'article : « Il est néanmoins permis au créancier de régler les clauses et conditions du rachat. »

De son côté, la section de législation du Tribunat proposa de supprimer les mots « *moyennant un capital en argent,* » par cette raison que s'ils étaient laissés, « il en résulterait qu'une rente constituée moyennant un capital en argent ne serait remboursée qu'après *trente ans.* Or, l'art. 18 de la loi sur le prêt (art. 1911 actuel) s'oppose à une telle disposition, puisqu'il est dit au § 2 de cet article qu'en pareil cas, les parties peuvent seulement convenir que le rachat ne sera pas fait avant *dix ans.* » — (Locré, VIII, p. 94 et 96.)

Dans la séance du 17 mars 1804, le Conseil d'Etat adopta la rédaction définitive, faisant droit à la réclamation du Tribunat. — Le 20 mars, Portalis apporta au Corps législatif la loi du 30 ventôse an XII, en faisant observer que la lacune sur les rentes foncières était comblée. — Le 30 ventôse, le tribun Jaubert tint le même langage et revint, en quelques mots, sur les motifs qui avaient fait supprimer les rentes foncières perpétuelles : la disposition actuelle est « une espèce de transaction dont l'agriculture elle-même réclamait le maintien; quant aux rentes foncières non rachetables, elles attribuaient une espèce de domination au créancier, et imposaient une gêne trop onéreuse au propriétaire du sol. »

En conséquence, l'art. 3 de la loi de ventôse an XII ordonna l'insertion au titre *de la Distinction des biens,* à la suite de l'art. 529, de la disposition qui forme aujourd'hui l'art. 530, lequel s'exprime ainsi :

Art. 530. — **Toute rente établie à perpétuité pour le prix de la vente d'un immeuble ou comme condition de la cession à titre onéreux ou gratuit d'un fonds immobilier, est essentiellement rachetable.**

Il est néanmoins permis au créancier de régler les clauses et conditions du rachat.

Il lui est aussi permis de stipuler que la rente ne pourra lui être remboursée qu'après un certain terme, lequel ne peut jamais excéder trente ans : toute stipulation contraire est nulle.

De telle sorte qu'on peut aujourd'hui définir la *rente foncière :* « Celle qui naît du contrat par lequel une personne, appelée débi-rentier, en échange d'un capital *immobilier* que lui sert le crédi-rentier, *s'engage à lui payer à perpétuité des arrérages,* avec faculté, pour elle, de se libérer en *remboursant* un capital représentatif de la valeur de l'immeuble, sans que le crédi-rentier, lui, puisse exiger le remboursement, et sans qu'il puisse stipuler le non-rachat de la rente pendant plus de *trente ans.* »

De cette définition, il résulte que la rente foncière moderne ne présente aucun des quatre grands caractères de la rente foncière ancienne :

1° Elle est *meuble ;* c'est une simple créance d'arrérages qui existe au profit du crédi-rentier. Sur ce point, l'art. 529 est général et régit toutes les rentes, foncière ou constituée. Il faut donc appliquer à la rente foncière tous les principes qui régissent la classe des biens meubles : ainsi, en matière de tutelle (Loi du 17 février 1880) ; en matière de communauté conjugale, de saisie, etc., etc. ;

2° Elle est *dette personnelle ;* le débi-rentier la doit sur tous ses biens, mobiliers et immobiliers, présents et à venir, comme toute autre dette (2092, Civ.). Il ne peut être question du déguerpissement ; peu importe la perte totale de l'héritage, son aliénation. En un mot, il faut écarter toutes les conséquences que tirait l'ancien droit de la réalité de la rente foncière ;

3° Elle est *essentiellement rachetable,* de la part du débi-rentier ; toute stipulation de non-rachat, pour un terme supérieur à trente ans, est nulle et non avenue ;

4° Elle est, naturellement, *divisible,* comme les dettes

en général, et il n'y a plus solidarité entre les divers codétenteurs de l'héritage aliéné.

En un mot, ce sont les quatre caractères diamétralement opposés à ceux que lui reconnaissaient nos anciennes coutumes.

Le législateur moderne a donc conservé, sur tous ces points, la législation du droit intermédiaire; et il a eu, de plus que ce dernier, le bon esprit de laisser à l'ancien droit un terme qui avait eu sa raison d'être, mais qui, dans le nouvel état de choses, était un gros contre-sens. Cependant la doctrine et la pratique n'ont pas cru devoir montrer le même scrupule, et on emploie encore aujourd'hui le terme de Rente *foncière,* qu'on oppose à celui de Rente *constituée.* L'une, la première, est établie moyennant l'aliénation d'un immeuble, d'un *fonds;* l'autre, moyennant l'aliénation d'un capital mobilier (1). Ce n'est donc plus, du tout, la même idée que dans l'ancien droit, où *Rente foncière* voulait dire : rente *due par le fonds.* Voilà pourquoi nous avons dit, au début de notre étude, qu'il est regrettable que pour rendre un nouvel ensemble d'idées, on n'ait pas trouvé un terme nouveau. Le Code, lui, n'a pas reculé devant une longue périphrase : « Toute rente, dit-il, *établie à perpétuité pour le prix de la vente d'un immeuble, ou comme condition de la cession à titre onéreux ou gratuit d'un fonds immobilier...* » (2).

(1) Ce n'est pas la seule différence entre les deux rentes : V. *infrà,* § IV.

(2) Il existe encore aujourd'hui, comme le remarque M. Demolombe (IX, n° 436), une *rente* présentant le caractère de *droit réel immobilier :* celle due à titre de redevance par les concessionnaires de *mines* aux propriétaires de la surface. — De droit commun (552, Civ.), la propriété du sol emporte la

Nous verrons successivement : 1° Dans quels cas il y a rente foncière;

2° Quels sont les effets du contrat qui lui donne naissance;

3° Quelles sont ses causes d'extinction;

4° Ses rapports avec la rente constituée.

I. — DANS QUELS CAS IL Y A RENTE FONCIÈRE.

« Toute rente établie *à perpétuité*, dit l'art. 530,

propriété du dessus et du dessous; mais la loi du 21 avril 1810, sur les mines, a, dans ses art. 6, 18 et 19, apporté une grave dérogation à cette règle. Aux termes de ces articles, les mines ne peuvent plus être exploitées qu'en vertu d'un *acte de concession;* et le propriétaire n'a plus, comme avant la loi (loi du 17 juillet 1791) aucune préférence. La concession faite, la mine devient une propriété complétement indépendante de celle de la surface, alors même que le propriétaire de cette dernière serait le concessionnaire de la mine (art. 19). Si la concession est faite à un étranger, il est dû, en vertu du principe de l'art. 552, Civ., une indemnité au propriétaire du sol; ce n'est, en effet, que l'intérêt général qui a fait déroger dans une certaine mesure à cet article et, dès que cet intérêt n'est plus en jeu, on y revient. C'est précisément la redevance, représentant cette indemnité, qui, réunie à la surface, forme un droit immobilier; due par la mine, quel que soit celui qui l'exploite, elle ne forme pas une obligation personnelle au concessionnaire. Ce n'est point, par suite, le caractère de la rente foncière telle que le Code civil l'a établie, qu'emprunte cette redevance; il faut reconnaitre qu'elle se rapproche bien plus de la rente foncière telle que l'avait organisée l'ancien droit. C'est un droit immobilier, partant susceptible d'être hypothéqué. Il est même légalement affecté des hypothèques antérieures à l'acte de concession fait à un étranger, lesquelles cessent de grever la mine et se reportent sur l'indemnité due au propriétaire (art. 18). — Le propriétaire peut également l'hypothéquer. C'est une question de savoir si l'hypothèque par lui consentie sur la surface s'étend de plein droit à l'indemnité; et aussi, ceci est plus grave, si la redevance ne conserve son caractère immobilier qu'autant qu'elle est réunie à la surface, c'est-à-dire si elle n'est immeuble que par destination : si oui, en cas de cession à un tiers, elle ne pourra plus être hypothéquée, et les hypothèques qui la grevaient tomberont d'elles-mêmes. (En ce sens, MM. Aubry et Rau, § 529; VIII, p. 126.)

pour *le prix de la vente d'un immeuble,* — ou comme *condition de la cession à titre onéreux ou gratuit d'un fonds immobilier*, est essentiellement rachetable... »

I. — Ainsi, la première condition, d'après la loi, pour qu'il y ait rente foncière dans le sens de l'art. 530, est que la rente soit « établie *à perpétuité.* » Les règles spéciales qui gouvernent aujourd'hui la rente foncière, s'appliquent exclusivement à la rente perpétuelle. Et pour savoir quand une rente sera perpétuelle, quand temporaire seulement, il faut encore se référer à l'art. 1er, titre Ier, de la loi des 18-29 décembre 1790, sur le rachat des rentes foncières (*suprà,* p. 140), dont l'art. 530 consacre implicitement, par son silence à cet égard, le maintien et la confirmation. Par conséquent, sera perpétuelle la rente établie pour *plus* de *quatre-vingt-dix-neuf ans* ou sur plusieurs têtes excédant le nombre de *trois;* dans ces limites, elle sera simplement temporaire et ne tombera pas sous le coup de l'art. 530 du Code civil. Nous avons donné les motifs qui ont fait admettre ce tempérament par les lois révolutionnaires; nous n'y revenons pas.

II. — En second lieu, il faut qu'il y ait aliénation d'un *immeuble* ou *fonds immobilier* au profit du débi-rentier. C'est là ce qui distingue, avant tout, la rente *foncière* de la rente *constituée,* dans notre législation actuelle : la rente constituée (art. 1909) suppose l'aliénation par le crédi-rentier d'un capital purement mobilier; la rente foncière (art. 530), l'aliénation d'un immeuble ou fonds immobilier : c'est tout ce qu'elle a conservé de foncier.

Donc, les meubles ne peuvent servir de capital à la

rente foncière. Mais *tous* les immeubles peuvent-ils être aliénés à rente ? L'aliénation d'un immeuble quelconque peut-elle servir à créer une rente foncière ? Pas de difficulté pour les immeubles corporels, qu'ils soient immeubles par leur nature, ou seulement par destination, pourvu qu'ils soient encore adhérents au sol ; dans tous les cas, on peut, en les aliénant, stipuler une rente, soit à son profit, soit au profit d'un tiers, qui ait le caractère de rente foncière.

Quid des immeubles incorporels ? usufruit d'un immeuble, servitudes ou services fonciers ? (art. 526). Sont-ils compris dans les termes de l'art. 530 ? Remarquons d'abord qu'il se sert de deux mots différents, *immeuble* et *fonds immobilier*, suivant la nature du contrat d'aliénation. Mais on ne peut, selon nous, en induire qu'il ait voulu réellement désigner, par là, deux choses distinctes ; pour le Code, immeuble et fonds immobilier doivent être synonymes, et c'est seulement pour éviter une répétition choquante qu'il a employé des expressions différentes. — Ce point écarté, on s'accorde, en général, à voir suivant que l'immeuble incorporel est ou non susceptible d'hypothèque : si oui, la constitution de rente foncière sera possible ; si non, elle sera impossible. Le motif est la décision du Code en ce qui concerne les meubles ; si leur aliénation ne peut servir à établir une rente foncière, c'est qu'ils n'ont point suite par hypothèque (art. 2119) : ils ne peuvent donc offrir de base au *privilège* que nous reconnaîtrons au crédi-rentier. Par conséquent, parmi les immeubles incorporels, ceux-là seuls qui, aux termes de l'art. 2118, sont susceptibles d'être hypothéqués, sont compris dans la disposition de l'art. 530 ; ce qui exclut les servitudes.

Quant à l'usufruit immobilier, on a dit que c'était un droit purement *viager*, et que l'art. 530, nous venons de le voir, suppose une rente « établie à perpétuité. » — A cela, nous répondrons que pour être foncière, il n'est nullement nécessaire que la rente soit perpétuelle; elle peut très-bien n'être que temporaire, sauf à ne pas être régie par l'art. 530, à ne pas avoir tous les caractères de la rente qu'il prévoit. Nous serions même porté à étendre ce raisonnement aux autres immeubles incorporels, c'est-à-dire à les déclarer susceptibles de donner lieu à une rente foncière, sauf encore à ne reconnaître à cette rente que les caractères qui pourraient résulter de la nature des choses (Comp. MM. Fœlix et Henrion, p. 37 et s.; Demolombe, n° 435.)

III. — En troisième lieu, il faut un contrat translatif de propriété, un bail à rente, et il résulte de la disposition de notre article que ce contrat peut consister en une vente, — une cession, autre qu'une vente, mais à titre onéreux, — ou enfin une aliénation à titre gratuit. — On peut prendre comme exemples des deux dernières catégories, visées par la seconde partie de notre texte, un échange ou un partage d'immeubles avec soulte, une donation.

Mais le plus souvent, l'opération constitutive de la rente sera une *vente*. — Un premier cas est sans difficulté : celui où la rente est établie sans détermination de capital, par exemple si je vous vends mon immeuble moyennant 5,000 francs de rente; dans ce cas, de l'aveu de tous, nous sommes en présence d'une rente foncière, qui forme directement le prix de vente.

Un second cas est possible, sur lequel on est loin de

s'accorder en doctrine, sinon en jurisprudence : celui où le prix de vente, déterminé d'abord en capital, a été ensuite converti en rente perpétuelle : comme si je vous ai vendu ma maison 100,000 francs, pour lesquels il a été stipulé que vous me serviriez une rente perpétuelle de 5,000 francs. *Quid ?* Y a-t-il rente foncière ou rente constituée? que faut-il entendre par ces mots : *pour le prix de la vente d'un immeuble ?*

De nombreux systèmes ont été proposés. — Dans une première opinion, on soutient que l'art. 530 suppose nécessairement que dans le contrat il n'a pas été question d'un capital en argent : la rente, d'après cet article, doit être le prix *direct* de l'immeuble. L'art. 530 ne s'applique pas si la vente a eu lieu moyennant un capital, qui a été ensuite converti en rente. Dans ce cas, dit-on, il y a une rente constituée à prix d'argent. Ce sont donc les règles contenues dans les art. 1911 et s. qui seront applicables.

L'opération, en effet, disent les partisans de ce système, s'analyse, dans ce cas, en deux faits juridiques très-distincts : d'abord, une vente, faite pour une somme, en capital, de 100,000 fr., puis la substitution à cette somme d'une rente perpétuelle de 5,000. Cette substitution ne constitue-t-elle pas une novation? Et dès lors la rente n'est-elle pas établie pour l'aliénation du capital mobilier de 100,000 fr., et, par conséquent, n'est-elle pas une rente constituée? — On invoque à l'appui de cet argument la rédaction primitive du projet de notre article : « Toute rente établie à perpétuité *moyennant un capital en argent,* ou pour le prix *évalué en argent* de la vente d'un immeuble... » (*suprà*, p. 158). Ces mots : *moyennant un capital en argent, évalué en argent*, ont été supprimés. On en conclut que si la rente est établie pour le prix *d'abord évalué en argent*, elle n'a point pour cause l'aliénation d'un immeuble, mais le prix lui-même, c'est-à-dire un capital mobilier, la double suppression ayant eu lieu précisément afin de ne pas mettre l'art. 530 en contradiction avec l'art. 1911. — Enfin, on ajoute que dans l'ancien droit, la rente dont s'agit eût certainement été une rente constituée et non pas foncière. (En ce sens : M. Marcadé, II, art. 530.)

— Un second système prétend expliquer les choses autrement : d'après lui, la loi aurait prévu expressément le cas qui nous occupe, en parlant de rente établie *pour le prix de la vente d'un immeuble ;* quant à l'hypothèse inverse, celle où il n'a pas été question de capital au contrat, elle rentrerait dans la seconde partie de l'article : *comme condition de la cession à titre onéreux (ou gratuit) d'un fonds immobilier*. Seulement, et c'est ici qu'on ne comprend plus le système, cette rente que viserait spécialement la première partie de l'art. 530, n'est pas une rente foncière proprement dite, car elle a pour cause un capital mobilier, le prix, d'abord arrêté en argent, de la vente; pourtant, ce n'est pas non plus une rente constituée, car elle rentre dans les termes de l'art. 530. On en conclut qu'au point de vue du délai pendant lequel peut être stipulé le non-rachat, c'est la règle de l'art. 530 qu'il faut appliquer; à tous autres points de vue, les règles de la rente constituée, c'est-à-dire que le crédi-rentier ne sera pas traité comme vendeur d'immeuble (1).

— Il faut tout d'abord écarter ce second système,

(1) *Sic*. M. Duranton, IV, nos 147 et s.

qui arrive à introduire dans le Code une troisième espèce de rente, qui n'est ni foncière, ni constituée, une sorte de rente *mixte*, que le législateur n'a jamais eu, ni de près, ni de loin, l'intention de consacrer ; ou la rente est foncière, ou elle est constituée ; elle ne saurait être les deux à la fois. Comment, du reste, peut-on dire que ces mots : *pour le prix de la vente d'un immeuble*, supposent nécessairement un prix d'abord évalué en capital ? Il nous semble qu'ils peuvent aussi bien s'appliquer dans les deux cas : que la rente forme directement le prix de la cession, qu'elle soit fixée après évaluation de ce prix en capital, elle n'en constitue pas moins, dans les deux hypothèses, *le prix de l'immeuble*.

Quant à ces mots : *comme condition de la cession à titre onéreux ou gratuit d'un fonds immobilier*, ils s'appliqueraient, comme nous le disions au début, dans les autres cas où, indépendamment de toute vente, le propriétaire aura aliéné, aura *cédé* l'immeuble à la charge d'une rente ; ils viseraient un contrat d'aliénation quelconque, autre que la vente, dont l'établissement de la rente serait non point alors le *prix*, mais la *condition*. Telle est, suivant nous, la distinction qu'il faut faire pour comprendre la loi.

Nous repoussons donc du même coup le premier système, qui est au moins plus logique que le second (1). Que dit-il, en effet, pour restreindre la portée des mots : *pour le prix de la vente*, au cas où la rente forme le prix direct et immédiat de l'immeuble ? — D'abord : qu'il en était ainsi dans notre ancien droit.

(1) *Sic*, MM. Proudhon, *Dom. de pr.*, n° 268 ; Demante, II, p. 429 ; Demolombe, n° 434 ; Laurent, n°s 43 et s.

Oui, mais les rédacteurs du Code n'ont absolument rien conservé, sur ce point, de l'ancien droit; leur rente foncière se confond presque avec la rente constituée de l'ancien droit, loin qu'elle rappelle, pour ainsi dire, l'ancienne rente foncière. Donc, il est au moins très-douteux qu'on puisse invoquer l'ancien droit.

On dit encore, dans le premier système, que tel est l'esprit de la loi, tel qu'il résulte des travaux préparatoires, des suppressions qu'on a fait subir au premier projet. — Les suppressions ont eu lieu, c'est vrai; mais nous avons eu soin de bien indiquer (p. 158) les motifs qui les ont dictées. L'une d'elles, d'abord, celle qui porta sur les mots *évalué en argent*, fut due à une méprise évidente du citoyen Jollivet; on ne peut pas le contester : de très-bonne foi, sans doute, il a cru et a fait croire au Conseil que ces mots s'appliquaient aux arrérages et non pas au capital de la rente. Quant à la seconde suppression, celle des mots *moyennant un capital en argent*, elle ne prouve pas plus que la première; elle fut bien faite pour éviter une contradiction avec l'art. 1911 : mais ceci prouve seulement que les auteurs du projet s'étaient trompés sur ce point et avaient un instant confondu les deux rentes. Ce qui importe, c'est que la suppression des premiers mots : pour le prix *évalué en argent*, ait eu lieu pour un tout autre motif, étranger à cette idée qu'il y aurait eu alors aliénation d'un capital mobilier et non d'un immeuble.

Voici, quant à nous, le système auquel nous nous rallions : De deux choses l'une : ou bien le fait de l'évaluation préalable du prix en capital entraînera *novation*; dans ce cas, il y aura rente constituée et application des art. 1909 et s.; — ou bien ce fait n'emportera pas novation, et nous aurons une rente foncière, régie par l'art. 530, et un contrat de vente qui produira ses effets ordinaires. Quant au point de savoir quand il y aura, ou non, novation par le fait de cette évaluation, en capital, du prix de vente, nous appliquerons purement et simplement le droit commun, c'est-à-dire l'art. 1273, d'après lequel « La novation ne se présume point, il « faut que la volonté de l'opérer résulte clairement de « l'acte. » Nous ne voyons pas de motif d'écarter cette règle fondamentale de notre espèce; nous n'admettons même pas le tempérament qu'on a voulu parfois lui apporter (1) et qui consisterait à distinguer suivant que l'évaluation en capital a eu lieu dans *l'acte même de vente,* auquel cas il n'y aurait point novation, le créancier ayant voulu seulement fixer le capital du remboursement, — ou dans *un acte postérieur,* auquel cas, nécessairement et par cela même, il y aurait toujours novation, partant rente constituée.

Nous n'apercevons pas les motifs de cette distinction; sans doute, en fait, il y aura plus souvent novation dans le second cas que dans le premier; mais la règle est que la novation *ne se présume pas,* et par conséquent, dans le second cas, aussi bien qu'au premier, il faudra qu'elle résulte clairement de l'acte. Ce sera d'autant plus nécessaire qu'en somme, au cas de novation, il y a abandon, par le crédi-rentier, de sa qualité de vendeur et de tous les avantages attachés à cette qualité.

En résumé, d'après l'art. 530, la rente foncière peut être établie : soit par la vente d'un immeuble, que la rente soit le prix direct et immédiat de l'aliénation, sans qu'il y ait eu détermination de capital, ou qu'elle soit

(1) M. Mourlon, *Répét.*, III, n° 1017.

le résultat de la conversion du prix déterminé d'abord en capital; — soit par la cession, à tout autre titre, d'un fonds immobilier, que la cession soit à titre onéreux ou qu'elle soit à titre gratuit.

II. — EFFETS DU BAIL A RENTE MODERNE.

Comme pour l'ancien bail à rente, on peut les répartir en deux catégories : ceux de droit commun, qui sont produits indépendamment de l'existence de la rente foncière; — ceux relatifs à la rente foncière, qui sont produits par le contrat d'aliénation en tant que bail à rente.

§ 1. — Effets généraux ou de droit commun.

Tout dépend du contrat intervenu entre les parties : vente, échange. donation..., etc.; il produira identiquement les mêmes effets que de droit commun, c'est-à-dire : 1° emportera *translation de propriété*, par lui-même, au profit du débi-rentier, au moins *inter partes* et s'il s'agit d'un corps certain, car vis-à-vis des tiers, il faut qu'il y ait transcription : art. 939, Civ., et loi du 23 mars 1855. Le débi-rentier aujourd'hui, c'est-à-dire le preneur à rente, devient plein propriétaire, dans toute la force du mot, de l'héritage arrenté; il n'y a plus de droit réel retenu au profit du crédi-rentier;
2° Il créera *des obligations* à la charge des deux parties, qui varieront suivant le contrat. Si par exemple, ce sera le cas le plus fréquent, nous supposons une vente, il faut dire que débi-rentier et crédi-rentier seront soumis aux obligations de l'acheteur et du ven-

deur; ainsi, le crédi-rentier vendeur sera tenu de l'obligation de délivrance et de l'obligation de garantie, aux termes des art. 1604 et s., 1625 et s. du Code civil. Nous avons vu qu'il en était de même pour le bail à rente de Pothier. De même, le débi-rentier acheteur sera tenu de payer le prix; en soi, c'est là une obligation de droit commun; il n'y a de spécial que la manière dont il doit l'exécuter.

3° L'aliénateur de l'immeuble a tous *les droits* qui résultent du mode d'aliénation par lui consenti. — Ainsi : *a)* Il a une action personnelle en paiement de la rente, contre l'acquéreur et ses héritiers, qu'ils détiennent ou non le fonds arrenté, et se divisant entre ces derniers ;

b) S'il a donné entre-vifs son immeuble, à la charge d'une rente soit à son profit, soit au profit d'un tiers, les trois causes de révocation de la donation : inexécution des conditions, ingratitude du donataire, survenance d'un enfant, pourront être invoquées par lui, dans ce cas comme dans tous les autres (art. 953), soit contre le donataire, soit contre les tiers, dans la mesure du droit commun ;

c) S'il a vendu son immeuble moyennant une rente, il aura tous les droits du vendeur, savoir : le droit de demander la *rescision* de la vente pour cause de *lésion* de plus des sept douzièmes (art. 1674) ; — le *privilège* du vendeur (art. 2103-1°) ; — l'*action résolutoire* pour inexécution de la part du débi-rentier (art. 1184, 1654) : tous droits qui restent absolument soumis à l'empire des règles du droit commun. C'est ainsi que l'action résolutoire lui appartiendra non seulement contre le débi-rentier, mais contre les tiers-détenteurs eux-mêmes, qui sont également soumis à l'exercice de son privilège pour le paiement de la rente. Par contre, ils peuvent *purger* le privilège du vendeur, sinon son action résolutoire, car dans ce cas, ce n'est pas comme débiteurs qu'ils sont soumis à l'action du créancier, c'est comme simples tiers-détenteurs. De même, l'art. 7 de la loi du 23 mars 1855 recevra ici son application : l'action résolutoire ne pourra être exercée après l'extinction du privilège, au préjudice des tiers qui auront acquis des droits sur l'immeuble du chef de l'acquéreur, et qui se seront conformés aux lois pour les conserver.

Les tiers-détenteurs sont donc soumis à l'action résolutoire du crédi-rentier vendeur ; ainsi, quoique n'étant plus tenus au paiement de la rente, d'après l'art. 530, ils peuvent néanmoins être poursuivis quand le débiteur ne paie pas la rente. Quel intérêt, dès lors, y a-t-il à dire qu'ils ne sont pas tenus de servir la rente? Si, pour conserver l'immeuble, ils sont obligés, en fait, de remplir cette obligation, ne sont-ils pas dans la même situation que le tiers-détenteur de l'héritage baillé à rente dans l'ancien droit? — La situation est toute différente : d'abord, l'inconvénient signalé est attaché à toute résolution d'une vente mobilière ou immobilière; de plus, dans l'ancien droit, le bailleur à rente pouvait s'adresser directement au tiers-détenteur pour obtenir paiement des arrérages (d'après les distinctions que nous avons établies), tandis que, aujourd'hui, il doit commencer par faire résoudre la vente vis-à-vis du débiteur primitif, et ce n'est qu'alors que le contrat étant résolu, il rentrera dans sa propriété et pourra revendiquer contre le tiers-détenteur : le droit de résolution représente, en effet, dans les mains du vendeur, le droit de propriété dont il n'a consenti à se dessaisir que sous une condition qui n'est pas remplie ; c'est par le fait du débiteur, de l'acheteur, que cette condition n'est pas remplie ; c'est donc contre lui tout d'abord que doit être dirigée l'action résolutoire, laquelle réagira contre le tiers-détenteur. Seulement le créancier peut mettre ce dernier immédiatement en cause, pour éviter des lenteurs et des frais.

§ 2. — Effets du contrat en tant que bail à rente.

I. — Son principal effet est d'obliger l'acquéreur de l'immeuble à *payer les arrérages de la rente :* jusqu'au rachat ou remboursement (ou autre cause d'extinction), si la rente est perpétuelle ; jusqu'au terme convenu, si elle est simplement temporaire. Dans ce dernier cas, le débiteur sera libéré à l'expiration du terme, qu'il doive restituer l'immeuble lui-même ou seulement un capital déterminé.

Sur cette obligation de payer les arrérages, nous examinerons les mêmes points que pour l'ancienne rente foncière :

a) Qui doit les arrérages ? Le principe est que le service des arrérages est une dette purement personnelle à l'acquéreur et à ses ayants cause universels et à titre universel : ce n'est plus le fonds aliéné à rente qui est chargé de cette dette, qui doit la rente ; c'est l'acquéreur lui-même, non seulement pendant qu'il possède l'héritage, mais encore bien qu'il n'en ait plus la jouissance ; c'est une dette qu'il a personnellement contractée vis-à-vis de son vendeur, échangiste ou donateur, et dont il répond sur tous ses biens mobiliers et immobiliers, présents et à venir. L'immeuble, lui, n'est affecté que du privilège du vendeur, s'il y a eu vente : voilà dans quelle mesure seulement il répond du paiement de la rente, voilà tout ce que la rente a de foncier aujourd'hui ; encore est-ce là une conséquence qui n'a rien de spécial à la constitution de rente, qui ne dérive pas, comme autrefois le caractère purement foncier de la rente, du contrat qui crée la rente, du bail à rente en tant que bail à rente ; non, c'est une conséquence qui résulte de la nature du contrat en tant que contrat de droit commun, c'est-à-dire de ce qu'il y a eu vente : voilà pourquoi l'aliénateur a le privilège du vendeur pour le paiement de la rente, tout comme il l'aurait pour le paiement du prix fixé en capital et payé en une fois.

Il en résulte de nombreuses conséquences, que nous avons déjà signalées, qui, bien entendu, sont inverses de celles indiquées pour l'ancienne rente foncière, et forment autant de ressemblances entre la rente foncière du Code civil et la rente constituée : l'acquéreur ou ses héritiers ne peuvent s'affranchir du paiement de la rente en aliénant le fonds, ni en déguerpissant ; ils n'en sont pas libérés par la perte totale de la chose : — les tiers-détenteurs ne sont pas tenus au service de la rente, qu'ils aient connu cette rente ou qu'ils l'aient ignorée, sauf, naturellement, engagement exprès de leur part au moment de leur acquisition (art. 1121. Civ.) ; — la dette est parfaitement divisible, et n'entraîne plus solidarité entre les cohéritiers du débiteur primitif, pas plus qu'entre divers coacquéreurs à rente d'un même immeuble aliéné pour une seule rente : pas de solidarité légale sans texte.

b) Quelle est la quotité des arrérages ? La réponse est la même que dans l'ancien droit : celle stipulée au contrat d'aliénation. C'est un des rares traits de similitude entre la rente foncière ancienne et la nouvelle, et en même temps une des différences importantes avec la rente constituée. Dans celle-ci, les arrérages représentent *les intérêts* du capital aliéné (art. 1909) ; c'est un véritable prêt que la rente constituée; il faut donc lui appliquer la loi qui limite le taux de l'intérêt de l'argent, la loi du 3 sept. 1807. Dans la rente foncière, à l'inverse, les arrérages représentent, absolument comme autrefois, la jouissance de l'immeuble; ils constituent le prix de l'immeuble : or, tout vendeur a le droit d'exiger le prix qu'il veut de sa chose. Il n'y a pas ici d'usure à craindre.

Les arrérages, comme dans l'ancien droit, et encore à la différence de ceux de la rente constituée, qui consistent toujours en argent, peuvent consister en argent ou en nature; dans le second cas, on peut dire encore qu'il y a un bail à champart, ayant seulement les mêmes caractères que le bail à rente actuel, au point de vue du rachat notamment.

Comme dans l'ancien droit, le débi-rentier a certaines retenues à exercer : il a droit, tout au moins, de retenir un *cinquième* des arrérages, sauf convention contraire, comme équivalent de la contribution foncière (loi du 3 frim. an VII, art. 101) (1).

Par ailleurs, il doit intégralement acquitter les arrérages : peu importe la diminution de valeur de l'héritage ; il en était déjà de même autrefois ; *a fortiori* doit-il en être de même aujourd'hui, puisque la

(1) V. MM. Fœl. et Henr., p. 61 et s.

perte totale ne libère pas le débiteur : *res perit domino.*

Il doit les payer aux époques fixées par la convention ; mais rien n'empêche que le juge, en vertu de l'art. 1244, puisse lui accorder un délai de grâce. Et, art. 1155, les arrérages échus produisent intérêt du jour de la demande ou de la convention : c'est une ressemblance avec l'ancien droit, et aussi une différence, car l'art. 1155 s'applique aussi bien à la rente constituée qu'à la rente foncière.

c) Les arrérages sont *quérables*, comme dans l'ancien droit ; c'est encore aujourd'hui le droit commun : art. 1247, § 2.

d) Quelle est la *prescription ?* Plus de prescription résultant des quittances de trois années consécutives ; admission, au contraire, de la prescription quinquennale (art. 2277), comme dans le droit intermédiaire (loi du 20 août 1792) ; nouveau point commun avec la rente constituée. Cette prescription s'applique même aux contrats antérieurs à la loi de 1792, pour les arrérages échus depuis, mais non avant (art. 2281).

II. — Telle est l'obligation du débi-rentier relative au paiement des arrérages. En a-t-il d'autres? est-il tenu d'entretenir l'immeuble en bon état? Autrefois, cette seconde obligation du débi-rentier se comprenait, le fonds répondant de la rente; aujourd'hui on invoque par analogie l'art. 2175, qui traite des dégradations et améliorations du tiers-détenteur d'un immeuble hypothéqué, pour imposer la même obligation au détenteur du fonds aliéné à rente, lequel est grevé d'un privilège s'il y a eu vente par le crédi-rentier : il faut sauvegarder ce privilège, et le débi-rentier qui contreviendrait à cette obligation encourrait la résolution pour violation du contrat.

Le débi-rentier peut aussi être obligé en vertu de clauses spéciales : d'abord, il ne peut plus être question des clauses de « méliorer l'héritage, fournir et faire valoir... » etc., qui ne se comprennent plus ; — mais il peut encore s'obliger à payer les arrérages sans aucune diminution ; à fournir des deniers d'entrée ; à faire certaines améliorations déterminées, pour mieux assurer l'efficacité du privilège du crédi-rentier vendeur ; dans ce dernier cas, la clause oblige même les tiers-détenteurs, en ce sens qu'ils pourront encourir l'action résolutoire pour inexécution du contrat.

III. — Mentionnons encore quelques effets spéciaux résultant de ce qu'il y a aliénation à rente : ainsi, après vingt-huit ans de la date du dernier titre, le débiteur peut être contraint de fournir à ses frais un titre nouvel à son créancier ou à ses ayants cause (art. 2263) ; v. *infrà*, p. 195 ; — de même, au cas d'*éviction* du débi-rentier acheteur, le crédi-rentier n'a pas à lui restituer de prix, il n'en a pas reçu, mais seulement les fruits, frais et dommages-intérêts (art. 1630). — De même encore, l'art. 1653, au titre de la Vente, ne pourra pas recevoir d'application : il autorise, dans certains cas, l'acheteur à suspendre le paiement du prix. Ici, il ne pourra pas refuser de payer les arrérages, qui ne sont que les intérêts du prix.

III. — CAUSES D'EXTINCTION DE LA RENTE FONCIÈRE.

Nous suivrons la même division que pour l'ancien droit :

I. — Le contrat translatif de propriété à charge de la rente peut être *rescindé* d'après les termes du droit commun. On s'est demandé pourtant s'il y avait lieu, en cas de vente, à l'action en rescision pour cause de lésion de plus des sept douzièmes. Nous avons vu que Pothier l'admettait pour le bail à rente foncière. Pour la rejeter, on peut dire « que l'action en rescision pour cause de lésion n'a été accordée que par le motif que souvent un acquéreur avide abuse de la misère et de la triste situation de son vendeur, et que ce motif ne saurait s'appliquer qu'au cas d'une véritable vente suivie du paiement du prix, tandis que celui qui cède un immeuble à charge de rente, ou qui convertit en rente le prix de vente d'un immeuble, indique par là qu'il n'est pas dans un besoin momentané. D'ailleurs, il s'agit d'une action extraordinaire, introduite par des motifs d'équité, et contrairement aux principes originaires des contrats : on ne saurait donc l'étendre *ultra litteram* » (1).

Néanmoins nous croyons préférable de nous en tenir à l'opinion de Pothier. La loi, en définitive, accorde l'action en rescision au vendeur « qui a été lésé de plus des sept douzièmes dans *le prix* de l'immeuble », sans distinguer si le prix consiste en un capital une fois payé, ou en une redevance annuelle (art. 1674). Ce n'est donc pas l'étendre *ultra litteram* que de donner l'action au vendeur dans les deux cas : là où la loi ne distingue pas, nous ne pouvons pas distinguer davantage (2).

II. — Il peut y avoir *résolution* du contrat pour cause

(1) MM. Fœlix et Henrion, p. 59.
(2) En ce sens : M. Demolombe, n° 431.

d'*inexécution :* art. 1184, 1654, 953. Nous avons parlé de l'action résolutoire du vendeur à rente, qui peut réagir contre les tiers et qui est soumise aux règles ordinaires. Ajoutons que lorsqu'elle a lieu pour défaut de paiement des arrérages, il suffit que le débiteur soit resté *un seul terme* sans payer pour que le créancier soit recevable dans son action. C'est une différence notable avec la rente *constituée,* dans laquelle le débirentier peut rester *deux ans* sans payer les arrérages avant d'encourir l'action résolutoire (art. 1912) : ceci forme une règle exorbitante du droit commun, qu'on ne saurait étendre à la rente foncière. « Ce n'est qu'en ce qui concerne la rente constituée moyennant un capital, que l'art. 1912 soumet à cette condition l'exercice du droit de résolution, et il s'agit dans notre hypothèse d'une rente qui a pour cause l'aliénation d'un immeuble; le vendeur peut donc invoquer alors l'art. 1184, qui ne subordonne nécessairement à aucune condition semblable l'exercice de son droit de résolution, sauf la faculté aux juges d'accorder des délais au débiteur » (art. 1244) (1).

Ce point mis à part, on a vivement discuté la question de savoir s'il ne fallait pas étendre à la rente foncière les dispositions des art. 1912 et 1913 : ils prévoient certains cas dans lesquels le crédi-rentier pourrait avoir à souffrir de l'insolvabilité du débiteur, et lui permet alors, par exception, d'exiger le capital de la rente, le remboursement : il y a une sorte de rachat forcé. Faut-il donner le même droit à notre crédi-rentier, ou ne lui accorder que l'action résolutoire

(1) M. Demolombe, n° 131.

pour rentrer en possession de son immeuble? Nous verrons la question sur le Rachat.

— Quant à l'*aliénation* de l'immeuble par le débirentier, elle n'emporte plus libération du service des arrérages *in futurum* : il reste tenu personnellement après comme avant. — Il en est de même du *déguerpissement* : il est forcément impossible; si, en fait, il avait lieu, il n'entraînerait point la résolution du contrat. Pas de doute en ce qui concerne les rentes créées sous l'empire de la loi de brumaire an VII et du Code civil : de l'aveu de tous, elles constituent une dette purement personnelle, qui oblige le débiteur sur tous ses biens (2092).

Quid des anciennes rentes foncières antérieures à la loi de l'an VII? On a longtemps soutenu que le débiteur pouvait s'en libérer par le déguerpissement, en disant, notamment, que c'est dans l'intérêt du preneur à rente que les lois de 1789 et 1790 ont admis la faculté de rachat : leur intention n'a pas dû être de le priver en même temps des droits qu'il avait déjà (1). — Mais ce système devait être abandonné (2) : jusqu'à la loi de brumaire, il est vrai, la législation intermédiaire (3), à part le rachat, n'avait rien changé à la nature de la rente foncière : c'était toujours une dette du fonds et, par suite, le détenteur de ce fonds pouvait déguerpir : la loi de 1790 s'était expliquée formellement sur ce point. Mais du jour où la rente foncière a été mobilisée par la loi de brumaire et par le Code civil, il est clair que les choses ont dû changer : le bailleur

(1) En ce sens : MM. Toullier, III, nº 352; VII, 478; Proudhon, *Usuf.*, nº 1840; Duranton, IV, nºs 143, 151.
(2) MM. Fœlix et Henrion, p. 267.
(3) *Suprà*, p. 143.

à rente n'a plus eu qu'un simple droit de créance contre le preneur, qui est devenu débiteur personnel de la rente comme d'une dette ordinaire : dès lors, ce dernier n'a plus eu la faculté de déguerpir, laquelle supposait nécessairement une dette réelle et non pas personnelle, due par le fonds et non par la personne du débiteur, laquelle, en un mot, était une conséquence de la réalité de la rente foncière.

III. — DU RACHAT. — Le principe est que le crédi-rentier ne peut jamais exiger le rachat ou remboursement de la rente, et que le débi-rentier peut toujours l'effectuer quand bon lui semble : aujourd'hui, la rente foncière perpétuelle « *est essentiellement rachetable* » (art. 530); autrefois, elle était, de sa nature, irrachetable : on pouvait stipuler une clause de rachat; à présent, elle est, de son essence, rachetable : on ne pourrait stipuler une clause d'irrémédibilité; il y a là une règle d'ordre public; toute convention contraire serait nulle et non avenue (art. 6, Civ.).

Ce nouveau principe des lois de 1789 et 1790, consacré par l'art. 530, après la vive discussion que nous avons vue, s'applique-t-il à toutes les rentes foncières sans exception? à celles créées avant comme depuis ces lois? Il semble que la question n'aurait jamais dû se poser; quand on connaît le sens et le but des lois de l'époque intermédiaire, la portée de la réforme maintenue et consacrée par le Code civil, comment pourrait-on soutenir que ces deux législations ont pu laisser subsister des rentes foncières irrachetables? On l'a pourtant soutenu; on a dit que toute rente foncière ancienne n'ayant pas été rachetée entre la loi de 1790 et la promulgation du Code, ne tombait pas sous le coup de l'art. 530 qui, ayant abrogé les lois antérieures, déclarait, par là, ces rentes irrachetables. — Mais on ne prend pas garde que l'art. 7 de la loi du 30 ventôse an XII ne comprend pas, dans son énumération, les lois de l'époque intermédiaire, et que, par suite, la loi de 1790 n'a pas été abrogée par lui : on est forcé d'en convenir en ce qui concerne le mode de rachat. (MM. Fœl. et Henr., p. 391.)

Au principe que la rente foncière est essentiellement rachetable, l'art. 530 apporte deux tempéraments notables, et c'est ici surtout qu'apparaissent les intérêts qu'il y a à distinguer la rente foncière de la rente constituée : 1° Il permet au créancier de « stipuler que la rente *ne pourra lui être remboursée qu'après un certain terme*, lequel ne peut jamais excéder *trente ans* : toute stipulation contraire est nulle ; » 2° il lui permet aussi de « *régler les clauses et conditions du rachat*. »

A. — De droit commun, le débiteur peut rembourser la rente quand il veut ; il est seul juge de l'opportunité du remboursement. Cependant, la loi a permis au créancier de stipuler l'irrémédibilité pendant *trente ans* au plus ; c'est un tempérament équitable à la rigueur du principe nouveau, et qui, tout en conciliant les intérêts des deux parties, n'offre pas les inconvénients du principe ancien. Mais le délai ne peut excéder trente ans ; autrement, on s'accorde généralement, avec raison, suivant nous, à reconnaître que la nullité édictée par l'art. 530 n'atteint pas la stipulation elle-même tout entière, mais seulement la partie de cette stipulation, la seule illicite, qui a porté le terme au-delà de trente ans ; il n'y a donc lieu qu'à réduire le terme et à le faire rentrer dans la limite légale (art. 1660, arg. anal.; M. Demol., n° 430; *Contrà,* MM. Fœl. et Henr., p. 127; Durant., IV, n° 158).

Cette première règle forme une différence sensible avec la rente *constituée ;* elle est aussi « essentiellement rachetable »; néanmoins, les parties peuvent convenir que le rachat n'aura pas lieu avant un certain délai, qui, cette fois, ne peut excéder *dix ans* (art. 1911). C'est là, sans doute, un vestige de l'ancienne législation, où le rachat de la rente constituée était si essentiel qu'elle n'admettait la stipulation d'aucun terme de ce genre ; la faculté de rachat ne pouvait être entravée ni gênée *en quelque façon que ce fût.* (Poth., n° 52.)

B. — « Il est permis au créancier de régler les clauses et conditions du rachat. » Cette seconde règle, qui tempère encore le principe de la rémédibilité, tient à la nature même des choses : le crédi-rentier, en effet, a vendu, ou donné, ou, plus généralement, aliéné son immeuble ; or, l'aliénateur d'un immeuble peut mettre à son consentement les conditions de prix ou autres que bon lui semble : de là cette disposition de l'art. 530. Ainsi, le créancier peut stipuler qu'au cas de rachat, le débi-rentier devra le prévenir un certain temps à l'avance (comp. art. 1911) ; bien mieux, il peut fixer, comme il l'entend, la somme moyennant laquelle le rachat devra être fait ; en cas de rachat, en effet, il y a pour ainsi dire aliénation définitive de l'immeuble; le capital à rembourser constitue pour le débi-rentier le prix de son acquisition : c'est au créancier qu'il appartient de fixer ce prix, le taux du rachat.

Il en est tout autrement en matière de rente constituée : celle-ci n'étant qu'une variété du prêt à intérêt, le débiteur ne peut être tenu de rembourser que ce qu'il a reçu; exiger une somme plus forte, ce serait, de la part du créancier, stipuler un intérêt supérieur au taux déterminé par la loi.

Donc le créancier peut fixer une somme supérieure au capital que représentent au taux légal les arrérages de la rente : il y a simplement détermination d'un prix de vente. Si la rente est de 3,000 fr., il peut stipuler qu'elle ne sera rachetable que moyennant un capital de 80,000; il aurait pu stipuler, en effet, 4,000 fr. de rente, sans que l'acquéreur eût eu rien à dire; celui-ci serait mal venu à se plaindre d'une clause qui lui permet de servir seulement une rente de 3,000 pour un capital de 80,000. Il en est donc comme de l'ancien bail à rente, sur lequel Pothier (n° 78) disait déjà que : « *quelque immense* que soit la somme pour laquelle on est convenu que la rente créée par un bail d'héritage pourrait se racheter, quoique cette somme surpasse du double, ou du triple, ou de plus encore, la valeur de la rente ou de l'héritage, la convention est valable... » Il y a pourtant une différence : dans l'ancien droit, la rente était irrachetable; on comprend que le créancier pût mettre à la faculté de rachat la condition de prix qu'il voulût, « puisqu'il pouvait, sans injustice, ne la point accorder du tout au débiteur. » Aujourd'hui qu'elle est essentiellement rachetable, il n'a plus un droit aussi absolu: autrement, rien ne serait plus facile que d'éluder l'art. 530. Il faudrait donc déclarer la stipulation nulle, si l'évidente exagération de la somme témoignait que le créancier a voulu rendre ainsi le rachat impossible. C'est ce que disait Pothier pour les rentes établies sur les maisons de ville, qui, elles aussi, étaient essentiellement rachetables; traitant la question de savoir si on pourrait convenir que la rente « serait rachetable d'une plus grosse somme, portée sur le pied du denier vingt-cinq ou trente », il incline à penser « que la clause est valable, pourvu que la somme ne fût pas exorbitante, qui surpassât la valeur de la rente, l'esprit de la loi n'ayant été que ces rentes ne pussent être absolument rachetées » (n° 29) (1).

En outre, ce n'est que dans le contrat même d'aliénation qu'il est ainsi permis aux parties de déterminer librement le taux des arrérages et le capital de la rente. Si par une convention postérieure, le vendeur d'un immeuble convertissait en rente perpétuelle sa créance du prix contre l'acheteur, la rente *pourrait* alors être considérée comme ayant pour cause le prix de la vente et non pas l'immeuble; ce serait une rente constituée, soumise, comme telle, à la loi qui limite, dans le contrat de prêt, le taux de l'intérêt de l'argent.

— Supposons que les parties ne se soient pas expliquées sur le taux du rachat, comment va-t-on procéder? quel sera le taux légal du rachat? — Pour les rentes créées *avant* la loi des 18-29 décembre 1790, c'est cette loi qui le détermine; nous avons vu les distinctions qu'elle établit, d'une part, entre les rentes qui étaient, par exception, rachetables ou avaient été stipulées telles, et les autres; d'autre part, entre les rentes en argent et celles en denrées (*suprà*, p. 141).

Quid des rentes créées *après* la loi de 1790? M. Demolombe (n° 424) se prononce pour l'application de la

(1) En ce sens : MM. Durant., IV, n° 157; Demol., n° 428.

même loi : le rachat se ferait encore sur le pied du denier vingt ou du denier vingt-cinq, suivant que la rente consisterait en argent ou en denrées. — Mais la majorité des auteurs et la jurisprudence repoussent cette distinction : toute rente serait rachetable sur le pied du *denier vingt.* Ces rentes, en effet, du jour où elles existent sont essentiellement rachetables, comme l'étaient certaines dans notre ancien droit ; par suite, elles ne tombent pas sous le coup de la loi de 1790, qui n'a été faite que pour celles des anciennes rentes qui étaient irrachetables ; elles doivent être assimilées à celles qui autrefois étaient rachetables, c'est-à-dire être soumises, dans tous les cas, au taux du denier vingt. En d'autres termes, ce qui était l'exception est devenu la règle : il faut appliquer à la règle ce qu'on appliquait à l'exception. La loi de 1790 est une loi d'expropriation forcée, qui déroge à la loi du contrat, en autorisant le rachat des rentes anciennes ; les règles qu'elle établit sur le taux du rachat n'ont donc aucune force légale pour les rentes créées postérieurement, sous l'empire d'une législation toute différente. Aujourd'hui, les crédi-rentiers savent que la rente est rachetable ; ils doivent donc prévoir le cas de rachat et fixer le taux auquel il aura lieu. S'ils n'usent pas de leur droit, le droit commun est celui de l'ancienne jurisprudence, qui s'en tenait au denier vingt, et non point la loi de 1790, qui a dû fixer le taux du rachat de manière à ne pas blesser l'intérêt de ceux qu'elle permettait d'exproprier.

On ne peut donc plus faire de différence, quant au taux du rachat, entre les rentes de denrées et les rentes en argent ; le taux légal de l'intérêt, d'après la loi de 1807, est le même, qu'il s'agisse de denrées ou d'argent, et aucune loi n'établit de différence quand il s'agit des arrérages d'une rente : dès lors, le droit commun, en l'absence de convention, est le denier vingt.

Quant à l'évaluation en argent des prestations stipulées en denrées, la loi de 1790 n'a encore aucune force légale, mais le mode qu'elle a prescrit pour évaluer le prix moyen des arrérages est si équitable qu'on peut l'appliquer par analogie. (En ce sens : MM. Fœl. et Henr., p. 392; Aubry et Rau, II, § 224 *ter;* Laurent, n° 51; — Montpellier, 29 déc. 1855, D., 56, 2, 296; Cass., 12 fév. 1866, D., 66, 1, 171; Trib. d'Alais, 18 avr. 1872; D., 72, 3, 81.)

C. — Il nous reste à voir s'il n'y a pas certains cas dans lesquels le créancier peut contraindre le débiteur au rachat de la rente, dans lesquels il y a rachat forcé. La question est née de ce que la loi, en matière de rente constituée, a donné expressément ce droit au crédi-rentier : 1° quand le débi-rentier cesse de remplir ses obligations pendant deux années; 2° s'il manque à fournir au prêteur les sûretés promises par le contrat; 3° s'il tombe en faillite ou en déconfiture (art. 1912 et 1913). *Quid* en matière de rente foncière? faut-il ou non lui étendre ces dispositions? — La solution de la question dépend du caractère que l'on attribue au rachat forcé des art. 1912 et 1913.

Pour étendre ces articles à la rente foncière, quelques auteurs, M. Laurent surtout (n° 61), partent de cette idée qu'ils ne sont que l'application pure et simple du principe général contenu dans l'art. 1188, Civ., lequel déclare déchu du bénéfice du terme le débiteur qui a fait faillite, ou qui, par son fait, a diminué les sûretés qu'il avait données par le contrat à son créancier. Si, dit-on, dans les cas des art. 1912 et 1913, le créancier peut exiger le capital du débi-rentier, c'est que celui-ci est déchu *du terme illimité qu'il avait pour effectuer le rachat,* en vertu de l'art. 1188. Et comme l'art. 1188 est aussi général que possible et régit toute espèce de dettes, il s'ensuit qu'on doit l'appliquer aussi bien à la rente foncière qu'à la rente constituée, c'est-à-dire étendre à la première les art. 1912 et 1913, qui ne sont qu'une application d'un principe de droit commun, qui, à la rigueur, eût pu se suppléer. — Si on objecte que le crédi-rentier vendeur a déjà un privilège et un droit de résolution pour assurer le paiement de la rente, M. Laurent répond que cela ne fait pas obstacle à l'exercice du rachat forcé ; sans doute, le crédi-rentier ne pourra pas exercer ces deux droits à la fois, mais il choisira : comme vendeur, il aura son privilège et son droit de résolution ; comme crédi-rentier, il aura un droit de rachat forcé ; il choisira le droit qu'il a intérêt à exercer. Il peut être intéressé à ne pas agir en résolution quand l'immeuble a été détérioré, dégradé, et que le tiers-détenteurs et insolvable ; il demandera alors le rachat forcé, si le débiteur se trouve dans un des cas prévus par les art. 1912 et 1913. D'ordinaire, l'action résolutoire lui sera plus favorable, parce que le rachat ne peut être utilement exercé que lorsque le débiteur de la rente est solvable ; s'il est insolvable, la résolution sera plus avantageuse, puisque le vendeur est sûr de rentrer au moins dans la propriété de son héritage.

Si séduisant que paraisse ce système, il n'a pas triomphé en doctrine, ni surtout en jurisprudence. On s'accorde très-généralement à voir dans les art. 1912 et 1913 une application, non de l'art. 1188, sur la déchéance du terme, mais de la condition résolutoire tacite de l'art. 1184. Ce dernier, il est vrai, ne vise expressément que les contrats synallagmatiques, mais il est certain que le principe qu'il contient s'applique même aux contrats unilatéraux, et c'est une application de ce principe qui a été faite par les art. 1912 et 1913. Dès lors, nous ne pouvons étendre ces deux articles au créancier d'une rente foncière, puisqu'il a déjà l'action résolutoire en vertu des art. 1184 et 1654. Il est vrai que le droit de résolution ne produira pas le même effet que le rachat forcé ; mais ceci tient à la nature même des choses : dans un cas, le créancier est vendeur ; il doit donc rentrer dans la propriété de la chose vendue ; dans l'autre, il est prêteur : il rentre également dans les fonds qu'il avait prêtés.

Qu'on se rappelle, d'ailleurs, dans quel but les rentes foncières ont été déclarées rachetables : le rachat a été établi par la loi de 1790 comme un droit en faveur du débiteur ; le législateur a voulu favoriser l'agriculture tout ensemble et les agriculteurs, en affranchissant le sol des charges qui entravaient la libre circulation des biens et qui grevaient les détenteurs du sol de servitudes de fait. En déclarant les rentes foncières rachetables, le législateur n'entendait pas donner au crédi-rentier le droit d'exiger le rachat contre le débiteur. Les lois qui mobilisèrent les rentes n'apportèrent aucun changement, sous ce rapport, aux droits du créancier ; et tout ce qui résulte de l'art 530, c'est que le crédi-rentier, s'il est vendeur, a un privilège et un droit de résolution qui garantissent suffisamment ses intérêts. Le crédi-rentier a vendu pour une rente perpétuelle, il ne peut pas contraindre le débiteur à payer, au lieu de la rente, le capital de cette rente; si le débi-rentier ne paye point, le créancier a sa garantie d'abord dans le privilège, puis dans le droit de résolution. Mais dans aucun cas, il ne saurait prétendre au droit de rachat forcé des art. 1912 et 1913, qui n'est lui-même qu'une application de l'art. 1184. — C'est une question qui ne se discute plus en jurisprudence (1).

IV. — *De la prescription.* — Le crédi-rentier, outre son action personnelle, ayant, au cas de vente, un privilège sur l'immeuble vendu, il s'ensuit qu'il peut y avoir lieu, comme dans l'ancien droit, à deux sortes de prescription : la prescription *extinctive* ou *libératoire*, pour l'action personnelle ou chirographaire (art. 2262); la prescription *acquisitive*, pour l'action privilégiée (art. 2180).

Prescription libératoire. — Cette première prescription, fondée sur ce que le créancier doit subir les conséquences de sa négligence, appartient au débiteur et à ses héritiers, ainsi qu'aux tiers-acquéreurs, et s'accomplit par le laps de trente ans (art. 2262). Les trente ans courent du jour du dernier paiement d'arrérages. — Mais supposons qu'il n'y ait jamais eu paiement d'arrérages, quel sera le point de départ de la prescription?

Une première opinion prétend que ce sera l'échéance de la première annuité d'arrérages : si une rente a été

(1) En ce sens : MM. Fœlix et Henrion, p. 87 : Aubry et Rau, § 224 *ter* (II, p. 459); Paris, 8 janv. 1825, S., 25, 2, 341 : Cass., 9 janv. 1865, D., 65, 1, 234; Caen, 5 août 1874, D., 76, 2, 123; Rennes, 23 août 1879, Gaz. trib. 1er nov. 1879 : ce dernier arrêt a statué dans l'hypothèse d'une rente *par dons et legs*, et a écarté aussi l'application de l'art. 1912.

constituée le 1er janvier 1880, la prescription ne courrait qu'à partir du 1er janvier 1881. On invoque deux moyens : D'abord l'art. 2263 prévoit formellement un cas où le délai spécial qu'il établit court du jour même de l'acte constitutif de la rente ; mais la loi n'a rien dit en ce qui concerne la prescription elle-même. Il faut donc s'en référer au droit commun, c'est-à-dire à l'art. 2257, aux termes duquel : « La prescription ne court point... à l'égard d'une créance à jour fixe, jusqu'à ce que ce jour soit arrivé. » Le créancier ne pouvant agir contre le débiteur que le 1er janvier 1881, la prescription ne doit commencer à courir qu'à partir de ce même moment.

Ce système n'est guère suivi : on décide, en doctrine et en jurisprudence, que la prescription doit courir du jour même de l'acte constitutif de la rente. En effet : 1° On dit que la créance n'est exigible qu'à la fin de la première année et qu'il est impossible de faire courir la prescription avant ce délai. Mais on confond, nous semble-t-il, les arrérages de la rente avec la rente elle-même. Sans doute, les arrérages ne deviennent exigibles qu'au bout de la première année ; mais la rente elle-même n'est jamais exigible, c'est un point commun avec la rente constituée. Par conséquent, ce système, pour être logique, devrait décider que la rente est un droit imprescriptible, par cela seul qu'elle n'est pas exigible. — 2° On répond que la rente n'est qu'une créance d'arrérages, une créance qui a pour objet l'ensemble des arrérages : elle doit donc être assimilée aux autres créances. — C'est inexact : les arrérages, eux, ne sont prescriptibles qu'au fur et à mesure de leur échéance : il faut donc bien admettre un droit à la rente, distinct des arrérages ; — 3° dès qu'on admet la possibilité d'une prescription, il faut donc faire courir cette prescription du jour même où la rente a été créée, ici, du 1er janvier 1880 ; dès ce moment, la rente est ce qu'elle sera toujours, un droit pur et simple, jamais exigible ; dès ce moment, le créancier a dû veiller à ses intérêts ; s'il ne l'a point fait, il a été négligent et doit subir les conséquences de sa négligence. Est-ce que la loi, après vingt-huit ans qui courent *du jour même de la rente* (ce qui donne à penser que, pour elle, la prescription court du même moment, car, dans la discussion de l'art. 2263, il a été dit qu'on voulait donner *deux* ans au créancier pour se retourner), ne lui donne pas le droit d'exiger un titre nouvel aux frais du débiteur ?

— Donc, trente ans à partir du titre constitutif, tel est le délai de la prescription libératoire. Mais la circonstance que le titre a plus de trente ans de date n'opère point, par elle seule, prescription. Le créancier, comme de juste, peut prouver qu'il a reçu des arrérages : comment fera-t-il cette preuve ? La situation est difficile, car les quittances sont aux mains du débiteur, et ici, comme dans l'ancien droit, nous avons un débiteur qui a intérêt à nier énergiquement qu'il a versé des arrérages, c'est-à-dire qu'il a payé sa dette. Mais le créancier peut d'abord exiger une reconnaissance du débiteur, une contre-quittance, ou invoquer des lettres missives de lui, recourir à l'aveu, au serment. — La preuve testimoniale sera aussi possible, si le capital de la rente est inférieur à 150 fr. (art. 1341), et même supérieur, s'il y a un commencement de preuve par écrit. Le titre constitutif de la rente (qui a plus de 30 ans) peut-il servir de commencement de preuve par écrit, à l'effet de permettre la preuve par témoins de la prestation des arrérages? Il semble que le créancier peut soutenir que c'est une forte présomption que la rente n'est pas éteinte, puisqu'il a le titre entre les mains. Dans l'ancien droit, paraît-il, on aurait admis la preuve testimoniale pour la rente foncière seulement, la rente constituée, elle, n'étant pas irrachetable. Et pourtant, l'ordonnance de 1566 s'opposait à cette décision. Aujourd'hui, dans tous les cas, les deux rentes sont rachetables, et le titre en question ne remplissant pas les conditions de l'art. 1347, il nous semble impossible de le considérer comme un commencement de preuve par écrit.

Aussi avons-nous vu que la loi elle-même est venue au secours du créancier : l'art. 2263 l'autorise, tous les vingt-huit ans, à exiger un titre nouvel aux frais du débi-rentier. Il est donc en faute, s'il laisse passer ce délai sans profiter de la disposition de l'art. 2263, et le droit commun lui devient applicable.

Prescription acquisitive. — Elle est basée sur la possession d'un tiers-détenteur qui n'est pas débiteur personnel de la rente, à l'effet d'éteindre le privilège qui, au cas de vente, affecte l'immeuble aliéné à rente. C'est donc une prescription, analogue à celle de la propriété, qui ne peut courir au profit de ceux qui sont obligés personnellement au service de la rente : elle n'est possible qu'au profit des simples tiers-détenteurs qui ont acquis et possédé l'héritage comme franc et quitte de la rente foncière garantie par le privilège du vendeur, et de leurs héritiers. Peu importe, aujourd'hui, qu'ils aient eu, ou non, connaissance de la rente lors de leur acquisition : cette connaissance n'emporte plus obligation quasi-contractuelle à leur charge, ils restent simples tiers-détenteurs.

Aux termes de l'art. 2180-4°, le délai de cette prescription est le même que celui requis pour prescrire la propriété : dix à vingt ans, dans le cas de l'art. 2265; trente ans, dans le cas de l'art. 2262. — La prescription peut être interrompue de deux manières : d'abord, par la *sommation* dont il est parlé aux art. 2169 et 2176; ensuite, par l'action *en déclaration d'hypothèque* ou *d'interruption* que suppose l'art. 2173.

Le crédi-rentier peut-il, vis-à-vis du tiers-détenteur, se prévaloir de l'art. 2263 et exiger de lui un titre nouvel? — On l'a prétendu, les uns, d'une manière absolue; les autres, en mettant les frais à la charge du crédi-rentier. Mais cette opinion n'a pas prévalu; on refuse, en général, ce droit au crédi-rentier. Ce ne serait pas, en effet, un titre nouvel qu'il exigerait ainsi du tiers-détenteur, car le titre nouvel suppose un titre primordial; ce serait un second titre primordial, différent du premier, auquel le simple tiers-détenteur ne peut être soumis, puisqu'il n'est pas personnellement tenu du service de la rente. Le créancier, par suite, ne peut qu'intenter l'action d'interruption pour arrêter le cours de la prescription.

V. — Citons, comme derniers modes d'extinction de la rente foncière : la *renonciation* du créancier à la rente; — la *novation*; — la *confusion*; — la *purge, adjudication sur saisie, expropriation pour cause d'utilité publique,* en ce qui concerne le privilège grevant l'immeuble.

La *compensation* peut avoir lieu pour les arrérages

de la rente, mais non pour la rente elle-même, qui *n'est pas exigible.* — Il ne peut être non plus question de *consolidation,* puisque la rente foncière n'entraîne plus, comme autrefois, démembrement, division de la propriété entre deux personnes différentes. Mais si le tiers-détenteur de l'immeuble grevé du privilège du vendeur succède au crédi-rentier ou réciproquement, l'obligation accessoire du privilège sera anéantie par confusion, l'obligation principale et personnelle du service de la rente continuant d'exister à la charge du débi-rentier; ce dernier, du reste, ne sera pas tenu de fournir une autre sûreté au créancier, car la première ayant, pour ainsi dire, péri par cas fortuit, le créancier ne peut rien reprocher, de ce chef, au débiteur personnel de la rente.

IV. — COMPARAISON AVEC LA RENTE CONSTITUÉE.

Nous avons vu, dans le cours de nos explications, les principales différences qui séparent la rente *foncière* de la rente constituée: nous n'avons qu'à les rappeler :

1° D'abord, et c'est de cette première différence que découlent toutes les autres, la rente foncière s'établit moyennant l'aliénation d'un capital *immobilier ;* la rente constituée, moyennant l'aliénation d'un capital *mobilier ;*

2° Quant au délai pendant lequel peut être suspendue la faculté de rachat : trente ans, s'il s'agit de rente foncière; dix ans, pour la rente constituée;

3° Le créancier d'une rente foncière peut régler les clauses et conditions du rachat; fixer, sauf certaine restriction, le capital du remboursement; pas le créancier d'une rente constituée;

4° Le créancier d'une rente foncière peut avoir certaines garanties que n'a pas le créancier d'une rente constituée : par exemple, un privilège ;

5° Il peut agir en résolution dès que le débiteur est resté un seul terme sans payer : il n'a pas besoin d'attendre deux années pour agir ;

6° En revanche, selon nous et d'après la jurisprudence, il ne peut jamais contraindre le débiteur au rachat de la rente, même dans les cas des art. 1912 et 1913 ;

7° Il peut fixer le chiffre des arrérages comme il veut, en argent ou en nature, et pour connaître le capital du rachat, en cas de silence des parties, il faut avoir recours à un mode de calcul qui est inutile en matière de rente constituée ; etc., etc.

On a donc grand tort de dire, comme on le fait quelquefois, qu'il n'y a plus dans notre droit que des rentes constituées ; voilà un certain nombre de différences entre la rente foncière et la rente constituée, qui protestent hautement contre une pareille assertion. Aussi bien veut-on dire généralement, par là, qu'eu égard à ce qui existait autrefois, la rente foncière s'est tellement rapprochée de la rente constituée, qu'à vrai dire et au point de vue des traits caractéristiques de l'ancienne rente foncière, de sa nature originale, de ses attributs principaux et essentiels qui en faisaient une véritable propriété immobilière, à ce point de vue, la rente foncière actuelle n'est plus qu'une rente constituée ; et en effet :

1° Comme la rente constituée, elle est *meuble* (article 529) ;

2° Comme la rente constituée, elle est essentiellement rachetable ;

3° Comme la rente constituée, elle n'est plus qu'une dette ordinaire et personnelle au débi-rentier ;

4° Comme la rente constituée, elle est, par suite, divisible :

C'est à ces divers points de vue, auxquels (sauf pourtant le premier) on distinguait autrefois les deux rentes, foncière et constituée, qu'il est vrai de dire que la rente foncière moderne, et cela depuis 1789 ou à peu près, n'est plus qu'une rente constituée. — Il y a encore d'autres ressemblances de détail :

5° Aucune des deux rentes n'est exigible de la part du crédi-rentier :

6° Leurs arrérages à toutes deux se prescrivent par cinq ans;

7° Ils produisent intérêt dans le cas de l'art. 1155;

8° Le droit à la rente se prescrit dans les deux cas par trente ans, et tous les vingt-huit ans, le créancier peut exiger un titre nouvel (art. 2263); etc. etc.

— Une dernière ressemblance, sur laquelle nous insistons quelque peu, comme nous l'avons fait pour l'ancien droit, a trait à la *preuve* de la rente, soit foncière, soit constituée. — Il y a pourtant, sur la rente foncière, quelques particularités qui tiennent à la nature des choses.

Ainsi, le créancier doit justifier d'un des modes d'aliénation prévus par l'art. 530, au profit du prétendu débiteur, vente, donation..., et de la validité, quant au fond et à la forme, du contrat qui est intervenu; ceci est le droit commun. Le titre ainsi constitutif de la rente, qui établit la rente, est le titre *primordial*. Le créancier peut aussi l'établir par titres *récognitifs*, dans les conditions du droit commun, suivant la disposition et les distinctions de l'art. 1337 qui, évidemment, est applicable à notre matière.

Quant aux différentes prescriptions que reconnaissait l'ancien droit au profit du crédi-rentier, du bailleur à rente (p. 132), elles ne sont plus possibles aujourd'hui : aucun texte ne les a consacrées.

Mais la preuve testimoniale est possible dans les limites ordinaires, d'après les art. 1341 et suivants. On a dit, sur ce point, qu'il fallait admettre une dérogation au droit commun, relativement au commencement de preuve par écrit exigé quand il s'agit de plus de 150 fr. D'après certains auteurs, les quittances produites par le débiteur et qui constatent certains paiements d'arrérages, pourraient servir de commencement de preuve par écrit au créancier, à l'effet de prouver par témoins que la rente a été payée dans d'autres années que celles relatées aux quittances produites, et qu'il y a eu ainsi interruption de prescription. Ces quittances, dit-on, émanent bien du créancier, et non pas du débiteur, comme le veut l'art. 1347, § 2 : mais le débiteur, en conservant par devers lui les quittances que lui délivre le créancier, les fait, pour ainsi dire, siennes et se les approprie. On peut donc les faire rentrer dans les termes de l'art. 1347. Et même, d'après quelques-uns, si l'une des quittances produites avait plus de *trente ans* de date, il faudrait encore admettre, comme dans l'ancien droit, que le droit à la rente résulterait de la prescription ; il y aurait encore une prescription trentenaire du droit à la rente : à la condition, cependant, qu'il y ait assez de quittances pour faire présumer que la rente a été payée sans interruption pendant trente ans : autrement, elles ne serviraient que de commencement de preuve par écrit. Enfin, si aucune n'avait trente ans de date, on retomberait sous l'empire du droit commun, de l'art. 1347.

Inutile de dire que cette théorie, plus ou moins calquée par Toullier sur celle de l'ancien droit, n'a jamais prévalu. Elle confond, en effet, les quittances et les reconnaissances, l'art. 1337 et l'art. 1347, et arrive à des conclusions que n'autorise aucun de ces deux textes du Code civil. L'un, l'art. 1347, définit nettement ce qu'il faut entendre par commencement de preuve par écrit : à quoi bon l'avoir défini, si on y fait rentrer tels ou tels actes qui ne répondent pas à la définition donnée par la loi ? L'autre, l'art. 1337, traite de la théorie des actes récognitifs, et exige, dans certains cas, que l'un des actes ait au moins trente ans de date; mais une quittance n'est pas un acte récognitif, et on ne peut étendre à l'un des deux actes, une règle qui n'a été faite que pour l'autre.

Tout ce que prouvera la quittance, c'est qu'à sa date il y a eu paiement d'arrérages, et dès lors interruption de prescription au profit du créancier. Par suite, le débiteur fera bien, même dans notre système, si la prescription lui est acquise (et s'il ne recule pas devant l'emploi de ce mode de libération), de ne pas exhiber ses quittances, car elles seraient sa condamnation ; un débiteur a donc parfois intérêt à nier le paiement de sa dette, tout en reconnaissant qu'il a été autrefois obligé, et valablement obligé, au paiement de cette dette. Pourquoi le créancier n'a-t-il pas usé du droit que lui donne l'art. 2263? pourquoi n'a-t-il pas exigé un titre nouvel de son débiteur? Il n'en eût même pas payé les frais!

POSITIONS

DROIT ROMAIN.

1° Le mariage n'est pas parfait *solo consensu*.

2° La loi 30, D., *De novat.*, ne s'oppose pas à ce que le créancier qui fait novation avec un tiers, se réserve l'hypothèque qu'il a sur les biens du débiteur.

3° Dans la loi 13, D., *De pignerat. act.*, Ulpien suppose que la condition résolutoire affecte la propriété elle-même qui revient *ipso jure* au débiteur.

4° Après Antonin-le-Pieux, le pupille qui s'est obligé sans l'*auctoritas tutoris* est tenu *naturaliter* pour ce dont il ne s'est pas enrichi.

5° Les sociétés, en principe, ne sont pas personnes morales.

HISTOIRE DU DROIT.

Le Bail à domaine congéable n'est qu'une application du bail à long terme qui formait le droit commun de la propriété immobilière.

— La loi du 11 brumaire an VII avait complétement mobilisé les rentes foncières.

CODE CIVIL.

1° Le mariage peut être célébré au lieu où l'une des parties a son domicile réel, même quand elle n'y résiderait pas depuis six mois.

2° La justice peut donner, même après coup, son autorisation à la femme qui a fait un acte sans l'autorisation du mari.

3° Le subrogé-tuteur n'a pas qualité pour interjeter appel, à défaut du tuteur, d'un jugement rendu contre le mineur.

4° L'héritier qui reste trente ans sans prendre parti devient étranger à la succession.

5° Les actes régulièrement faits par le tuteur ne sont pas rescindables pour cause de lésion.

6° La femme peut, en principe, et sans autorisation de justice, valablement contracter avec son mari.

7° Les sociétés civiles, y compris la communauté entre époux, ne sont pas personnes morales.

8° Les art. 1912 et 1913 ne s'appliquent pas à la rente par dons et legs, ni à la rente foncière.

9° Le tiers-détenteur d'un immeuble hypothéqué, qui a payé la dette, n'a pas de recours contre la caution.

10° Les créanciers qui attaquent la renonciation de leur débiteur à la prescription, doivent prouver qu'il y a eu fraude de sa part.

DROIT COMMERCIAL.

Une compagnie de chemins de fer n'a pas le droit de refuser des marchandises, quand le lieu de destination se trouve sur un réseau correspondant avec le sien.

— Tout porteur d'actions reste personnellement tenu de leur libération intégrale, même s'il s'est écoulé plus de deux ans depuis la délibération de l'assemblée autorisant, après versement de moitié, la conversion des actions en actions au porteur (art. 3, loi du 24 juillet 1867).

— La vente d'un navire, dans le sens de l'art. 195, Com., ne peut se prouver par la correspondance.

PROCÉDURE CIVILE.

La tierce-opposition, au moins principale, n'est pas dispensée du préliminaire de conciliation.

— Comment régler le concours des saisies-arrêts avec les cessions de créances ?

DROIT ADMINISTRATIF.

La loi du 10 vendémiaire an IV ne rend pas les communes responsables des dommages causés par la répression de l'émeute.

— L'art. 41 de la loi du 6 octobre 1791 est applicable aux chemins ruraux.

DROIT CONSTITUTIONNEL.

L'autorité judiciaire n'est qu'une branche du pouvoir exécutif; elle ne constitue pas un troisième pouvoir.

ÉCONOMIE POLITIQUE.

C'est dans le Travail, engagé dans toutes les directions, qu'est la source de la richesse nationale.

— Le seul but de l'impôt est de subvenir aux dépenses de l'Etat : on ne peut, dès lors, demander qu'il soit moralisant.

— La propriété individuelle et libre est préférable à la propriété collective ou démembrée.

DROIT PÉNAL.

La règle *Electa una via*... est générale, et la partie lésée qui a choisi la voie criminelle ne peut l'abandonner pour suivre la voie civile.

— Le fait de voyager en chemin de fer sans billet ne tombe pas sous le coup de l'art. 405, Pén.

DROIT INTERNATIONAL.

L'art. 171, Civ., qui exige, dans certains cas, la transcription de l'acte de célébration du mariage sur le registre du lieu du domicile, ne comporte aucune sanction du droit.

Vu pour l'impression :

Pour le Doyen, absent,

A. ÉON.

Vu :

Le Recteur,

J. JARRY.

TABLE

Rennes, imprimerie E. BARAISE et Cie, place Saint-Michel, 7.

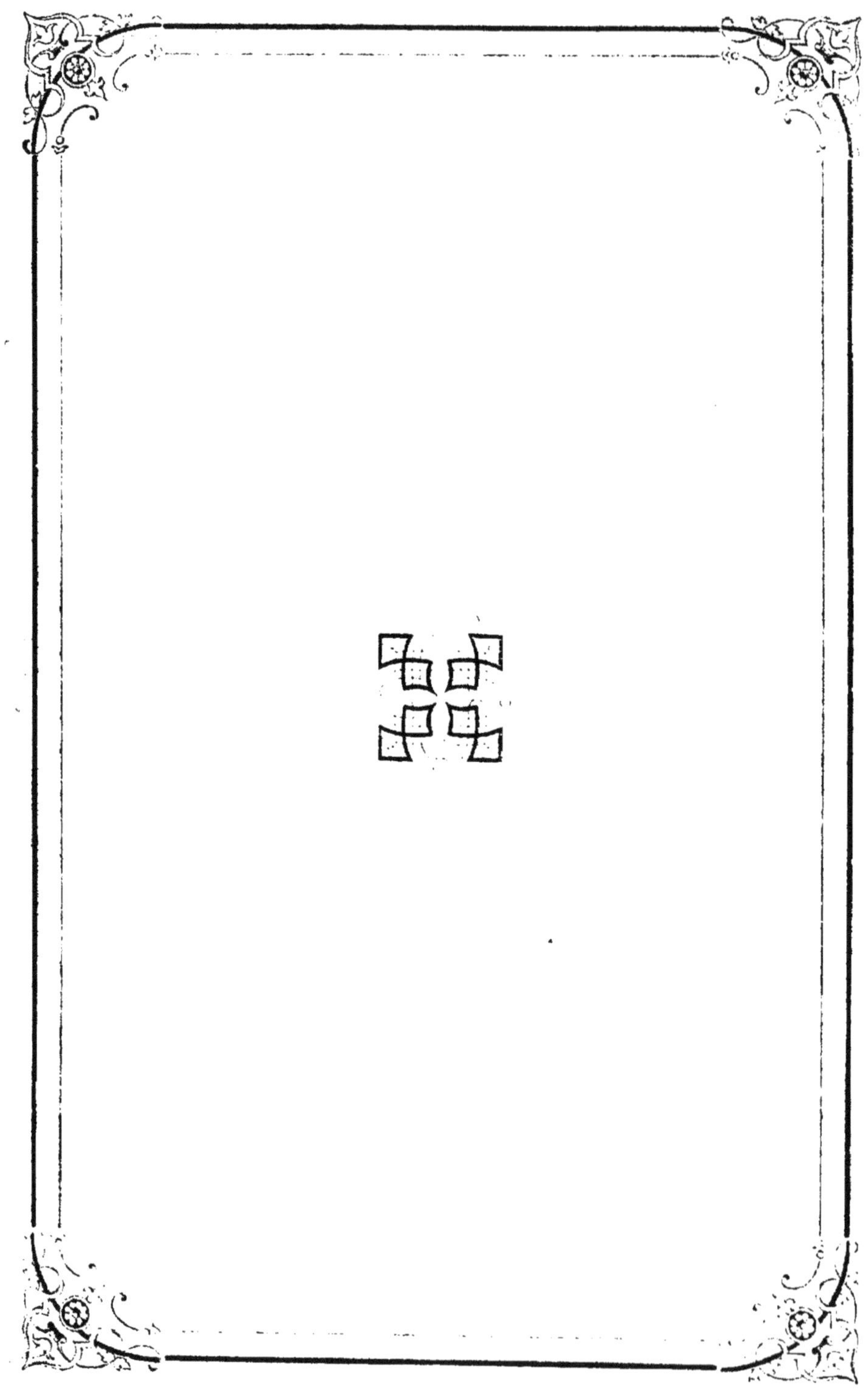

www.ingramcontent.com/pod-product-compliance
Ingram Content Group UK Ltd.
Pitfield, Milton Keynes, MK11 3LW, UK
UKHW021054230726
13926UKWH00004B/1844